FRÉDÉRIC DELACROIX

A

H. ROUJON

Souvenir affectueux d'un compagnon de voyage dans un pays fantastique et d'un ami.

FRÉDÉRIC DELACROIX.

LES PROCÈS

DE

SORCELLERIE

AU XVIIe SIÈCLE

LES PROCÈS

DE

SORCELLERIE

AU XVIIᵉ SIÈCLE

PAR

FRÉDÉRIC DELACROIX

PARIS

LIBRAIRIE DE LA NOUVELLE REVUE

18, BOULEVARD MONTMARTRE, 18

1894

LES
PROCÈS DE SORCELLERIE
AU XVIIe SIÈCLE

CHAPITRE PREMIER

LA FOI DÉMONIAQUE

Croyance générale à la sorcellerie au xviie siècle. — Le campagnes, la ville, la cour. — Confession d'un prêtre. — Le diable au tombeau du Père Tranquille. — Kepler sorcier. — Le Prophète irlandais. — Médecins, avocats, écrivains, magistrats. — Poème héroï-démoniaque. — Pourquoi plus de sorcières que de sorciers. — Les inquisiteurs. — Les parlements. — La sorcellerie et la Réforme — La balance des sorciers.

L'histoire des procès de sorcellerie, étudiée dans son ensemble, est l'histoire même de la civilisation. « Un procès important, dit Voltaire, me paraît plus important que mille billevesées mathématiques et cent mille discours sur les prix d'Académies. » Michelet va plus loin. Des seules révélations et du scandale des procès réservés momentanément à la Chambre ardente (1679-1684), il conclut à la décadence morale du grand siècle (1). Un diagnostic aussi étendu, basé sur des faits particuliers, rentre un peu dans le domaine de la fantaisie. Dans la *Sorcière*, l'éminent historien s'est élevé à des considérations plus générales ; mais il ne jette qu'un rapide coup d'œil sur les procès de sorcellerie au xvii° siècle. Lorsqu'on examine ces singuliers procès dans leurs causes, dans leur marche et dans leurs effets, ils projettent une lumière inattendue sur l'esprit public, les mœurs, les institutions et les lois du xvii° siècle ; lumière sinistre, mais instructive et consolante en regard du résultat définitif. Cette étude, en abaissant un peu l'orgueil de l'esprit humain, permet néanmoins de constater son développement, ses conquêtes

(1) Michelet, *Décadence morale du XVIIe siècle.*

scientifiques, et de se réjouir, à l'heure présente, des progrès accomplis.

La véritable aristocratie au xvii° siècle, la plus tyrannique, la plus redoutée et la plus enveloppante, est celle de Satan. Si l'on compare son règne à celui de Louis XIV, le Roi-soleil s'efface devant le Prince des ténèbres. Le diable a son culte, ses prophètes, ses adorateurs, ses historiographes, des lieutenants et des apôtres dignes de lui. Il dispute au ciel ses prêtres, son encens et ses autels. Il fait des prodiges, commande aux éléments, dispose de la santé, de la fortune, de la vie des hommes, fait tous les jours de nouvelles recrues et de nouvelles victimes. Il épouvante ses amis, ses ennemis et ses juges ; se moque de la torture, des bûchers, des hécatombes, passe à travers le feu, les malédictions, les exorcismes, sans être jamais vaincu ; lutte même victorieusement contre Dieu. Comment Michelet, dont la brillante imagination grossit plutôt qu'elle n'atténue l'erreur démoniaque, a-t-il pu dire en parlant de cette époque :

L'esprit de Satan a vaincu ; mais c'est fait de la sorcellerie. Toute thaumaturgie diabolique ou sacrée est bien malade alors... C'est la grande révolte qui a décidément vaincu... *L'esprit de la nature et les sciences de la nature*, ces proscrits du vieux temps, rentrent irrésistibles. C'est la réalité, la substance elle-même qui vient chasser les vaines ombres (1).

Les *vaines ombres*, loin d'être chassées, sont prises encore pour des réalités.

Le XVIIᵉ siècle, si éclatant de noblesse, de génie et de bon goût, loin de se dégager de ces ténèbres, de répudier l'héritage du passé, s'est acharné à le consolider et à l'étendre.

Ce n'est que peu à peu et sous la poussée du temps et des esprits supérieurs, que l'empire du démon comme tous les autres arrive à la décadence.

La croyance aux sorciers au XVIIᵉ siècle est plus vivace et plus intense que jamais. Elle domine aussi bien dans les provinces les plus éclairées de la France que dans les derniers villages de l'Écosse ou de la Finlande. On

(1) Michelet. *la Sorcière*, pp. 282-284.

la retrouve en Allemagne, en Angleterre (1) comme dans l'Espagne et l'Italie, où l'inquisition sévit encore. Dans toutes les contrées, la même passion du merveilleux, la même préoccupation obsédante, l'idée fixe du diable, de la possession, des sortilèges et des maléfices.

Des sorciers, on en voit partout et par légions, comme les démons qu'ils représentent. En France, dit-on, près de trois cent mille en 1600 (2). Ils sont encore plus nombreux en Allemagne (3). Les procédures criminelles sont innombrables. Plus on fouille dans les archives des communes et des départements, et plus on découvre de sorciers. D'après des monographies et des études très consciencieuses, basées sur des pièces authentiques, en Lorraine (4),

(1) Th. WRIGHT, *Narratives of sorcery*. 1851.

(2) M. RICHET, *les Démoniaques d'autrefois*.

(3) G. ROSKOFF, *Geschichte des Teufels*. 1869. 2 vol. in-8°. Grasse, bibliotheca magica et pneumatica. Leipsik, 1843. *Histoire des procès de sorcellerie*, par SOLDAN, revue par le docteur Heppe, Stuttgart, 1880, 2 vol. in-8. DIEFENBACH, *De la sorcellerie en Allemagne, avant et après la Réforme*.

(4) DUMONT, *Justice criminelle des duchés de Lorraine et de Bar*.

dans la Flandre et le Hainaut (1), dans le comté de Bourgogne (2) et le pays de Montbéliard (3), avant la conquête de Louis XIV, il n'était pas une localité où pour le plus grand nombre l'existence des sorciers ne fût un article de foi. Il en était de même en Savoie, dans le Béarn (4), la Guyenne, la Provence (5), la Normandie (6), etc.

Je tiens, dit Boguet, que les sorciers pourroyent dresser une armée égale à celle de Xercès, qui étoit néanmoins de dix-huit cent mille hommes ; car s'il est ainsi que Trois-Échelles, l'un des mieux expérimentez en leur mestier, déclara sous le roi Charles neufvième qu'ils étoient en la France seule trois cent mille, à combien estimerons-nous le nombre qui se pourroit rencontrer ès autres pays et contrées du monde ? Et ne croirons-nous pas encore que dès lors ils sont accreus de moitié ? Quant à moi, je n'en fais nul doute, d'au-

(1) LOUISE, *De la sorcellerie et de la justice criminelle à Valenciennes.*

(2) ARISTIDE DEY, *Histoire de la sorcellerie dans le comté de Bourgogne.*

(3) ALEXANDRE TUETEY, *la Sorcellerie dans le pays de Montbéliard au XVIIe siècle.*

(4) V. LESPY, *les Sorciers dans le Béarn.*

(5) DE LANCRE, *Inconstance des mauvais anges.*

(6) FLOQUET, *Hist. du Parlement de Normandie, t. V.*

tant que, si nous jetons seulement l'œil sur nos voisins nous les verrons tous fourmiller de cette malheureuse et damnable vermine. L'Allemagne n'est quasi empeschée à autre chose qu'à leur dresser des feux ; la Suisse à cette occasion en dépeuple beaucoup de ses villages ; la Lorraine fait voir aux étrangers mil et mil pouteaux où elle les attache ; et pour nous (car nous n'en sommes pas exempts non plus que les autres), nous voyons les exécutions ordinaires qui s'en font en plusieurs pays. La Savoye, car elle nous envoye tous les jours une infinité de personnes qui sont possédées des démons, lesquels, estant conjurez, disent qu'ils ont été mis dans le corps de ces pauvres gens par des sorciers, prétend que les principaux que nous avons fait brusler ici, en Bourgogne, en estoient originellement sortis. Mais quel jugement ferons-nous de la France ? Il est bien difficile à croire qu'elle en soit repurgée, attendu le grand nombre qu'elle en soutenait du temps de Trois-Echelles : je ne parle point des autres régions plus éloignées ; non, non, les sorciers marchent par tout par milliers ; multiplient à terre comme les chenilles en nos jardins (1).

Dans les campagnes ignorantes et misérables, crédulité sans bornes ; les récits les

____

(1) HENRY BOGUET. *Discours des sorciers*, préface. Lyon, 1602.

plus fabuleux, les plus invraisemblables, colportés en justice à l'appui des dénonciations.

Après le passage d'une sorcière dans une ferme du village d'Anthoison (1), on a entendu des bestiaux parler patois; puis on les a vus danser au son d'un violon dont jouait le plus gros des bœufs, danse vertigineuse qui ne s'est arrêtée que lorsqu'on eut tué un serpent caché sous le seuil de l'étable (2).

La conviction était poussée jusqu'à la plus folle témérité :

En 1629, une nommée Benite, femme de Demenge Olim, de Lubine, avait dénoncé comme sorcière Marie, femme de Nicolas Arnoulf, du même village. Comme on hésitait à poursuivre, elle offrit de se constituer prisonnière jusqu'à la fin de l'information. L'accusée ayant subi la question sans rien avouer, elle faillit être condamnée elle-même.

Les populations affolées se plaignaient de la lenteur des procédures.

(1) Canton de Montbozon (Haute-Saône).
(2) A. Dey, *loc. cit.*, p. 17.

LA FOI DÉMONIAQUE.

Tel est maintenant, écrit un auteur du temps, le naturel du peuple que, si d'abord les magistrats ne saisissent, tourmentent et brûlent sur les premières clameurs, et que si l'on ne seconde son aveugle impétuosité, aussitôt vous entendez murmurer et crier qu'ils ne se trouvent pas en assurance, eux, leurs femmes et enfants, ni leurs amis (1).

Le peuple des villes n'était pas moins superstitieux que celui des campagnes, et la folie du jour les poussait parfois à des actes de férocité. En 1622, un rassemblement se forma dans les rues de Metz autour d'une femme qu'un passant avait désignée comme sorcière. Elle fut assaillie et massacrée à coups de pierres.

Les garnisons mêmes n'étaient pas rassurées. Pendant l'invasion des Guises, le cheval d'un archer fut effrayé par une longue corde que fabriquait, près de la porte Saint-Pierre, à Montbéliard, une femme au teint bronzé, Henriette Borne, cordière de profession. Le cava-

(1) Avis aux criminalistes sur les abus qui se glissent dans les procès de sorcellerie, par P. N. S. I., théologien romain (*Cautio criminalis* de SPÉE), traduit en français par F. B. de Velledor. (F. B. sont les initiales de F. Boudot, médecin à Besançon.)

1.

lier éprouva une violente secousse et fut saisi d'un tel malaise qu'il put à peine rentrer son cheval à l'écurie : le même jour, ayant vu passer la cordière sous les fenêtres de la caserne, il se recula vivement, pâle comme un mort, et dit à ses camarades : « Mon Dieu, qu'est-ce qui sort de moi? Je suis ensorcelé. » Ces simples paroles répandirent l'épouvante autour de lui. Dès qu'il eut repris ses forces, il alla se plaindre au surintendant des églises. Il se produisit plus tard d'autres accusations plus précises. Henriette Borne fut condamnée et brûlée le 8 septembre 1617 (1).

Ceux qui, par leur situation et leur autorité, auraient dû rassurer les populations ignorantes, étaient les premiers à entretenir leurs préjugés et leurs terreurs. En 1600, le maire de Dôle consigna sur les registres de la ville que le fléau de la grêle, qui, depuis deux ou trois ans, ravageait la contrée, était uniquement dû aux sorciers, la terreur du bailliage d'Amont.

(1) Tuefry, *la Sorcellerie dans le pays de Montbéliard*, p. 315.

Dans le Béarn, les seigneurs de la noblesse, non moins inquiets que leurs vassaux, se plaignirent de l'impunité accordée aux sorciers et réclamèrent, du procureur général près la cour souveraine, des poursuites plus actives et de promptes rigueurs (1).

M. Richet, dans son étude si remarquable sur les *Démoniaques d'autrefois*, assure que la double terreur de la possession satanique et de la justice humaine cesse enfin au commencement du xvIIᵉ siècle (2); les faits, malheureusement, démentent cette assertion. Comment les esprits auraient-ils pu se calmer dans cette tourmente où tout prenait les couleurs de la sorcellerie?

Son spectacle est toujours présent.

Personne n'est en sûreté. Les plus forts tremblent devant la puissance ténébreuse du diable et de son armée. Dans tous les centres et tous les milieux, mêmes préoccupations et mêmes

(1) V. Lespy, *les Sorciers dans le Béarn*, pp. 36-37.
(2) Richet, *les Démoniaques d'autrefois et les démoniaques d'aujourd'hui*, p. 39.

alertes ; les soupçons, l'espionnage, la triple crainte du démon, de ses adeptes et de la justice inexorable, épouvante universelle poussée jusqu'à la folie.

Pour n'être pas soupçonné, écrivait le premier traducteur françois de la *cautio criminalis* de Spée, on faisait attention à la manière de tenir son chapelet, de prendre de l'eau bénite, de dire la messe, car tout cela pouvait devenir des indices. Certains prêtres n'osaient plus dire la messe, ou ne la disaient qu'en cachette et l'église fermée, de peur d'être remarqués et dénoncés par la population (1).

Une femme se plaignit à d'Argenson, quelque temps après son élévation au poste de lieutenant de police, qu'un abbé de Saint-Sulpice, d'allures singulières, l'avait ensorcelée au moyen de sucre et de morceaux de papier (2).

Bouchel rapporte un arrêt du parlement de Bretagne, par lequel, au commencement du xviiᵉ siècle, trois prêtres, sur la dénonciation

(1) J.-B. DE VELLEDOR, *Double VIII*, p. 15.
(2) D'ARGENSON, *Rapport 368*.

de leurs paroissiens, furent pendus et brûlés avec leurs livres (1).

Ces trois victimes auraient pu être aussi bien des accusateurs, car les prêtres, les moines, les religieuses étaient au même degré que le peuple sous l'influence de la légende et la conception démoniaques. Nous ne voulons parler ni de la pratique des exorcismes ni même des examens de conscience contenus dans les livres d'heures, sur la sorcellerie et la magie. Ces questions d'un ordre spécial ne rentrent pas dans le cadre de notre étude. Elle se borne ici à de simples constatations historiques : des superstitions grossières mêlées à des convictions religieuses, la démonolâtrie, au culte des anges et des saints.

Dans son livre sur la possession des filles de Flandre, publié en 1623, Lenormand raconte l'histoire d'un confesseur et de sa pénitente, une nommée Maberthe, qui s'accusent mutuellement de rendre hommage au démon.

D'Argenson signale dans ses rapports un cer-

(1) MERLIN, *Répertoire*, au mot *Sortilège*.

tain abbé Aignant accusé d'enseigner la magie à des élèves *qui devenaient de dangereux charlatans.*

Les épidémies démoniaques dans les couvents, qui ont fait tant de bruit et tant de victimes au xviie siècle, seront l'objet d'une étude spéciale (1).

Parmi les exorcistes appelés auprès des Ursulines de Loudun (1628-1631), quelques-uns ont fixé l'attention des historiens.

Le Frère Surin, très estimé dans son ordre et dans le public, après un examen attentif de la supérieure des religieuses, déclara que la possession était effective et qu'il pouvait jurer que plus de deux cents fois les démons lui avaient découvert des choses très secrètes cachées en sa pensée ou en sa personne (2).

Le Père Tranquille qui le remplaça, un des plus fameux prédicateurs de son temps, attribuait à la rage du démon des pesanteurs de tête,

(1) En préparation, *Les épidémies de sorcellerie au* xviie *siècle.*

(2) De la Ménarday, *Histoire des diables*, p. 354.

des embarras de mémoire, des serrements de cœur, mille sensations viscérales qui faisaient le tourment de sa vie. Un jour de Pentecôte qu'il devait monter en chaire, il fallut des sommations au diable pour que le religieux recouvrât la faculté de la parole.

On inscrivit sur sa tombe :

Cy-gît l'humble P. Tranquille, de Saint-Rémy, prédicateur capucin ; les démons, ne pouvant plus supporter son courage en son emploi d'exorciste, l'ont fait mourir par leurs vexations.

Les moines qui l'assistèrent à sa dernière heure furent persuadés que le diable qui le tourmentait passa dans le corps d'un de ses compagnons.

Quand on administra l'extrême-onction au Père Tranquille, les démons, sentant l'efficace de ce sacrement, furent obligés de lever le siège, mais ce ne fut pas pour aller bien loin, car ils entrèrent dans le corps d'un bon Père, très excellent religieux, qui était là présent, et qu'ils ont depuis toujours possédé ; lequel ils vexèrent d'abord de contorsions et agitations fort étranges et violentes, de tiraillements de langue et d'hurlements très affreux, en redoublant encore leur rage à chaque onction que l'on faisait au malade, et l'augmentant de nouveau à l'aspect du très-saint sacrement que l'on alla quérir (1).

On a vu des prêtres vénérables, sous l'empire des hallucinations, aller eux-mêmes au-devant du supplice.

En 1660, un prêtre des environs de Besançon, âgé de soixante-douze ans, se croyant en commerce avec le diable et poussé par le remords, alla se dénoncer lui-même à l'inquisiteur. Voici la curieuse déclaration de ce prêtre telle qu'elle est consignée dans le procès-verbal de l'inquisiteur Symard à la date du 1er août 1660 :

Qu'il y a des sorciers et des sorcières, mais beaucoup, en ce pays de Bourgogne et principalement dans sa paroisse ;

Que dans sa dite paroisse, il y a bien vingt enfants possédés de démons, auxquels enfants il n'a pas conféré le baptême pour avoir manqué d'intention, et croit que faute de baptême ils sont possédés de la sorte ;

Qu'il a assisté dans les sabbats tenus et assemblées dans un verger appartenant à M..... qui est derrière

____

(1) DE LA MÉNARDAY, *loc. cit.*

sa maison, dans un lieu dit la Bâtie et dans un autre, dit la Vaux, où il était porté autant de fois par un démon, environ les onze heures du soir, d'où il le rapportait autant de fois devers le coq chantant, et y a assisté tant de fois qu'il ne s'en souvient pas ;

Qu'il dansait à ces sabbats avec les autres assistants, au son d'un violon et d'un hautbois joués par des démons, buvait, mangeait, étant assis à table, du vin, du pain et de la viande qui sentaient mal, puis on dansait pour une seconde fois, et après on allait adorer le démon, sous la figure d'un bouc, auquel on faisait offrande d'une chandelle verte et noire, qui jetait une lumière noirâtre ; on lui baisait au derrière en même temps, et on allait dans les sabbats les mercredi, jeudi et samedi au soir ;

... Qu'il est peut-être cause de la perte de plusieurs personnes, mais qu'il tâchera de les convertir s'il peut leur parler ;

Qu'il y a du feu et de la lumière dans les sabbats, au moyen desquels tous se peuvent connaître, que le démon défendait à tous de révéler ce qu'on y faisait, etc.

La crédulité publique était entretenue et surexcitée par des récits effrayants colportés aux veillées, par les livres, les prédications, les menaces d'excommunication lancées du haut de la chaire contre tous ceux qui ne dévoileraient pas les sorciers. Les dénonciations, les interrogatoires, les questions, les aveux arrachés par la torture, l'appareil des supplices augmentaient encore le nombre des croyants et des hallucinés.

Le sentiment religieux se mêlait d'une façon bizarre aux préoccupations démoniaques. On faisait des quêtes dans les églises pour subvenir aux frais de procédure et de déplacements. En 1659, une quête faite à Baume au profit de l'inquisiteur rapporta trois cents francs.

Des pèlerinages furent organisés pour obtenir la guérison des personnes plus ou moins atteintes de la griffe du diable.

Le pèlerinage de Saint-Maur, près Paris, fut institué dans ce but (1).

Un grand nombre de possédés se rendaient de toutes parts au tombeau de Saint-Claude (2). Henri Boguet, le grand juge de Saint-Claude, atteste le fait dont il a été témoin :

(1) L'abbé Lebœuf. *Histoire du diocèse de Paris*, t. V, p. 129 et suiv.

(2) D.-P. Benoit. *Hist. de l'abbaye et de la terre de Saint-Claude*, t. II, p. 552.

Nous voyons, dit-il, arriver journellement, en notre ville, un nombre infini de personnes, lesquelles se se disent pour la plupart possédées par le moyen de certains vaudois et sorciers. J'en ai vu pour mon compte ce que je ne puis apporter sans horreur, jusques à 45, qui assistaient à une procession, d'un seul petit village de Savoie nommé l'Harbergement.

Il décrit ensuite les mouvements convulsifs des démoniaques lorsqu'on les menait de force au tombeau de Saint-Claude, et qu'on leur faisait baiser les pieds du thaumaturge (1).

Beaucoup de possédés ou de gens qui craignaient de le devenir allaient s'agenouiller devant le Saint-Suaire à Besançon. Cette relique très vénérée, apportée à *Vesontio* par l'impératrice Hélène, mère de Constantin, était exposée dans l'église métropolitaine deux fois par an, le jour de Pâques, et le dimanche qui suivait l'Ascension. Les pèlerins y venaient en foule de tous les coins de la province.

En 1660, l'inquisiteur de la Franche-Comté ordonna une procession, non plus dans l'intérêt

(1) D.-P. Benoit. *loc. cit.*

de la santé publique, mais pour arriver à la découverte des sorciers (1).

Le résultat fut si heureux qu'on rendit des actions de grâces à saint Pierre.

Les mêmes idées, à défaut des mêmes pratiques, se retrouvent dans les pays protestants.

La Réforme a respecté et même affermi les croyances démoniaques. Les disciples de Luther ne pouvaient renier la foi du maître ; ceux de Calvin s'y sont complètement ralliés.

Les ardents calvinistes du pays de Montbéliard sont aussi crédules que les serfs du Jura (2).

En Suisse (3) et dans toute l'Allemagne (4), la démonolâtrie règne aussi bien que dans les campagnes de la Bourgogne et de la Franche-Comté (5).

Le 15 octobre 1607 le consistoire de Genève

(1) *Archives de Gy.*

(2) TUETEY, *loc. cit.*

(3) LADANNE. *les Possédés et les démoniaques au XVIIe siècle.*

(4) *Histoire du diable,* par GUSTAVE ROSKOFF, professeur à la Faculté de théologie protestante de Vienne.

(5) TUETEY, *loc. cit.* — GUSTAVE ROSKOFF, *loc. cit.* — SOLDAN HEPP, *loc. cit.*

décide « que, vu la multitude des démoniaques qu'il y a en ceste ville, il sera fait prières particulières es temples ».

A la même époque, il prend des mesures d'ordre pour empêcher les démoniaques de troubler le culte et surtout la cérémonie de la Sainte-Cène où ils étaient souvent une occasion de scandale.

Les asiles des réformés sont infestés comme les couvents catholiques. Une épidémie convulsive, survenue vers 1673, dans la maison des enfants trouvés de Hoorn, fut attribuée à la malignité du démon.

Les sorciers protestants, au milieu même de leurs coreligionnaires, non plus comme hérétiques, mais comme les suppôts de Satan, ont leur histoire de persécution et leur martyrologe (1).

Des pasteurs zélés, dont on a retenu les noms, ont suivi les errements des inquisiteurs. La théorie du libre examen n'était pas admise

(1) Jean Diefenbach, loc. cit.

en matière de sorcellerie. François Kuiper compare les sceptiques à des *athées*.

Nicolas Puller a publié en 1698, à Rostock, un traité intitulé : *Preuves indéniables de l'existence des esprits; exemples obscènes de l'émulation avec le diable.*

L'ignorance, la misère, l'écrasement de la classe inférieure peuvent expliquer la persistance des préjugés populaires.

L'éducation du clergé et des couvents favorisait l'élan vers le surnaturel. On comprend que la Réforme ait laissé vivre l'ancienne superstition; mais comment le caprice et la mode, au milieu de la civilisation croissante, n'ont-ils pu s'en dégager?

L'élégance, la fortune, le talent, le génie même ne sont pas des préservatifs suffisants.

Les gens du monde, la noblesse et la cour s'abandonnent au courant, et mettent l'art magique au service de leurs intrigues et de leurs passions.

Nos grands écrivains attestent la vogue des devineresses du temps.

On se rappelle ces vers de La Fontaine :

> Perdait-on un chiffon, avait-on un amant,
> Un mari vivant trop au gré de son épouse,
> Une mère fâcheuse, une femme jalouse,
> Chez la devineresse on courait.

Il décrit l'arsenal burlesque de la sorcière :

> Quatre sièges boiteux, un manche à balai
>   Tout sentait le sabbat.

On s'adonnait avec passion à l'astrologie.

Un astrologue fut consulté à la naissance de Louis XIV.

L'abus était tel qu'une déclaration du 20 janvier 1628 défend « d'insérer dans les almanachs des prédictions illicites qui ne peuvent servir qu'à embarrasser les esprits faibles qui y ont quelque croyance ».

Le présent inquiétait encore plus que l'avenir, car les sorts pleuvaient de tous côtés.

Vers 1624, Mme veuve de Ranfaing (Élisabeth), sujette à des crises hystériques, accuse le médecin Poirot, de Nancy, de lui avoir donné un maléfice.

Une possédée de Lorraine, Anne Bouley, fut dénoncée comme ayant secondé le docteur dans ses opérations magiques. Malgré toutes les démarches faites en leur faveur, le malheureux médecin et la femme désignée comme complice périrent dans les flammes (1).

On lit dans les rapports de d'Argenson que le fils d'un fermier général se croit ensorcelé par les poudres et breuvages de sa maîtresse. La fille d'un autre fermier général est obsédée par un esprit. Sa manie est connue du public, et on vient la voir par curiosité. Son père n'ayant point consenti à la mettre dans un couvent, d'Argenson est obligé de défendre militairement sa demeure « et des personnes pleines de zèle s'entremettent pour supplier le cardinal de Noailles d'employer l'autorité de l'Église pour conjurer l'esprit par des exorcismes »

On sait que la maréchale d'Ancre se livrait à des pratiques de magie et de sorcellerie, et fut brûlée en place de Grève comme sorcière

(1) Pithois, 1621.

(1617). Elle était accusée et fut reconnue coupable de s'être servie d'images de cire qu'elle conservait dans des cercueils, d'avoir fait venir des sorciers prétendus religieux, *dits Ambroisiens*, de Nancy, pour l'aider dans l'oblation d'un coq qu'elle faisait pendre la nuit dans l'église des Augustins et dans celle de Saint-Sulpice, etc.

Mme de Montespan était en rapport continuel avec les principales devineresses et magiciennes de Paris.

Le 23 janvier 1680, la cour et la ville apprirent avec stupéfaction que plusieurs des personnages les plus importants du royaume avaient été le matin même décrétés de prise de corps, sous l'accusation de magie et de tentatives criminelles, et allaient être déférés à un tribunal extraordinaire qu'on a appelé la Chambre ardente.

Un prince, Bourbon par les femmes, le comte de Clermont ; deux des nièces de feu le cardinal de Mazarin, la comtesse de Soissons, surintendante de la maison de la reine, une Luxembourg, dame du palais de la reine, la princesse de Tinguy, la marquise d'Alluye; la comtesse du Roure, Marie de La Mark, femme du mestre de camp de cavalerie du Fontet; la duchesse de La Ferté, la marquise de Feuquières; le marquis de Thermes, l'illustre capitaine Bouteville de Montmorency, duc de Luxembourg et maréchal de France, tels étaient les noms mêlés à ceux de la Voisin, de la La Bosse, de la Vigoureux, dans une affaire mystérieuse où l'art magique par vengeance, par intérêt ou par curiosité, semblait avoir joué un grand rôle. On y voit figurer aussi quelques noms de bonnes familles parlementaires, la veuve du président Le Féron, la femme de M. de Dreux, maître des requêtes, etc.

Jean-Frédéric, prince de Saxe-Weimar (1628), s'occupait également de sortilège et de magie.

En 1643, le cardinal de Mazarin écrivait à l'évêque d'Évreux pour lui marquer sa satisfaction du zèle qu'il avait apporté dans un procès de sorcellerie (1).

(1) Voir la lettre dans GARINET, *Histoire de la magie*, p. 328.

En Allemagne, Rodolphe II était entouré d'astrologues et de devins, de magiciens et de sorciers. Il s'était fait tirer son horoscope par Tycho-Brahé, et l'apparition de la comète de Halley, en 1607, lui avait causé un grand effroi.

Jacques Ier voulait exterminer tous les démons de l'Angleterre; il écrivit contre eux un livre en forme de dialogue, et leur fit jusqu'à la fin de son règne (1625) une guerre acharnée.

Charles III et Charles IV, ducs de Lorraine, avaient les mêmes préoccupations.

Charles III, malgré ses lumières et ses sentiments généreux, fut impitoyable à l'égard des sorciers.

Les magistrats à tous les degrés, chargés de les poursuivre, reçurent les ordres les plus sévères. En moins de quinze ans, huit ou neuf cents sorciers périrent sur le bûcher après avoir subi la torture (1).

Charles IV profitait de la crédulité publique

(1) AUGUSTE DIGOT, *Histoire de Lorraine*, t. V, p. 115 et suiv.

pour accuser ses ennemis de sorcellerie. Son règne est marqué par deux procès célèbres, celui d'André des Bordes (1625), et celui de Melchior de La Vallée (1631), sur lesquels nous reviendrons plus tard.

Les écrivains de tous les rangs et de toutes les catégories se sont ralliés plus ou moins ouvertement à l'empire de Satan.

Son prestige a pénétré jusque dans la haute littérature; il a influencé les philosophes, les savants, et troublé même des hommes de génie.

Mme de Sévigné croit à la vertu de la poudre de sympathie.

La Bruyère, cet esprit si puissant, ne veut pas se prononcer sur les jongleries des sorciers.

La théorie en est obscure, les principes vagues, incertains, et qui approchent du visionnaire; mais il y a des faits embarrassants, affirmés par des hommes graves qui les ont vus ou qui les ont appris de personnes qui leur ressemblent. En cela, comme dans toutes les choses extraordinaires et qui sortent des communes règles, il y a un parti à trouver entre les âmes crédules et les esprits forts.

Malebranche, dans ses *Recherches sur la vérité* (liv. III, ch. vi), ne doute pas qu'il y ait des charmes, des sorciers, des sortilèges. Il fait cette seule réticence :

Les vrais sorciers sont aussi rares que les sorciers par imagination sont communs. Dans les lieux où l'on brûle les sorciers, on ne voit autre chose parce qu'on croit véritablement qu'ils le sont, et cette croyance se fortifie par les discours qu'on entend. Que l'on cesse de les punir et qu'on les traite comme des fous, et l'on verra qu'avec le temps ils ne seront plus sorciers.

Il a échappé à Michelet qu'un des plus grands génies du xviie siècle appartenait à une famille de sorciers, et a sacrifié lui-même pendant quelques années à l'idole du jour.

Par Képler, dit Michelet, par Galilée, Descartes et Newton, s'établit triomphalement le dogme raisonnable, *l'immortalité des lois de la nature*. Le miracle n'ose plus paraître, ou, quand il l'ose, il est sifflé (1).

L'éminent historien oublie sans doute que Képler, qui avait remplacé Tycho-Brahé, son

(1) Michelet, *la Sorcière*, p. 282.

ami, auprès de Rodolphe II, abandonnait quelquefois ses hautes études pour s'occuper d'astrologie. Il avait composé, pour être agréable au souverain, un livre astrologique, intitulé : *Somnium, seu de astronomia lunari*, ouvrage publié par son fils, médecin à Kœnigsberg, en 1634. Il fit paraître aussi des almanachs du même genre dont il s'excuse ainsi dans une de ses lettres :

Je suis obligé, pour ne pas désobliger Sa Sacrée Majesté, de faire et de vendre à sa cour des almanachs à prédictions, les seuls ouvrages qu'on y achète et qu'on y lise (1).

La mère de Képler, femme très violente et bizarre, fut accusée de sorcellerie et condamnée à la question par le juge qu'elle avait insulté. Elle n'échappa à la torture que sur les instances de son fils et grâce à l'intervention de puissants amis (2).

(1) Voyez *Lettres de Képler*, imprimées en latin à Leipsik, 1718, in-f°, par les soins de Michel Gottlieb Hauschim, et sa vie, en tête de ces lettres.
(2) *Vie de Képler* en tête de ses lettres.

La Sorbonne admettait l'existence des sorciers et le droit de les punir.

En 1609, Jean Filesac, docteur en Sorbonne, se plaignait même que l'impunité des sorciers en multipliât le nombre à l'infini. Il ne les compte plus par douze cents, ni même par cent mille, mais par millions (1).

Nicolas Putter publia en 1689 à Rostock, un traité intitulé : « *Preuves indéniables de l'existence des esprits.* »

En 1612, Jean Denhart, dans une thèse latine, soutenue devant l'Académie de Fribourg-en-Brisgau, *De reorum custodiâ*, traite des dangers de la sorcellerie et des moyens à employer pour la réprimer. Il met le sortilège au nombre des crimes atroces et dit qu'on peut mettre à la torture celui qui en est gravement soupçonné (2).

En 1662, des archevêques, évêques, docteurs de Sorbonne réunis à Auxonne où le

______

(1) JEAN FILESAC, *De idolatria magica*, Paris, 1609. (V. MERLIN, *Répertoire*, au mot *Sortilège*.)
(2) *Thèse* imprimée à Fribourg-en-Brisgau en 1612.

roi les avait envoyés en qualité de commissaires pour juger de la possession de tout un
monastère de filles, décidèrent « que tout ce
que faisaient ces filles ne pouvait venir que du
démon possédant et obsédant leur corps (1) ».

Dom Calmet, une des lumières et des
gloires de l'ordre de Saint-Benoît à la fin du
XVII° siècle, parle ainsi des sorciers :

On ne peut nier que les princes, les évêques et les
juges n'aient tenu en les poursuivant une conduite très
sage et très louable, puisqu'il était question d'arrêter
le cours d'une impiété dangereuse et d'un culte sacrilège, ridicule, abominable, rendu au démon, qui
séduisait et perdait une infinité de personnes et cau-
sait dans l'État mille désordres réels (2).

Toutes les extravagances en fait de sorcellerie sont racontées avec conviction dans un
livre d'une étonnante naïveté, *la Piété affligée*,

---

(1) *Histoire manuscrite du Querry*, par GUILLAUME DE
MALLEVILLE, sieur de Cazals. Bibliot. de la ville de Grenoble, n° 2997 (ancien numéro).
(2) DOM CALMET, *Dissertations sur les apparitions des
anges, des démons et des esprits et sur les revenants et vam-
pires de Hongrie*.

paru en 1652 en vertu d'un arrêt du parlement de Normandie (1).

L'auteur, le Père Esprit de Bos-Roger, avait suivi de près l'épidémie des religieuses de Louviers et parlait en homme compétent.

A la suite de la même épidémie du Pastis-Herembert, docteur aux lois, émit l'idée la plus bizarre qu'on puisse imaginer. Il prétendit que la lettre *L*, initiale du nom de *Louviers*, avait quelque chose de fatal ; qu'elle était l'initiale des noms des royaumes, des provinces, des villes, les plus fréquentés par les sorciers comme le Luxembourg, la Lorraine, le pays de Liège, la Laponie, la Lithuanie, la Livonie, le pays de Labourd, Laon, Loudun, etc. (2).

Pour le même motif sans doute, à cause de la lettre *L*, de savants pasteurs *luthériens* ont fait une aussi large part aux sorciers que

(1) *La Piété affligée*, ou discours historique et théologique de la possession des religieuses dites de Sainte-Élisabeth de Louviers, par le R. P. ESPRIT DE BOS-ROGER, Rouen, chez Boullenger, 1652, in-4º.

(2) *Extrait des singularités de la province de Normandie*, par DU PASTIS-HEREMBERT, docteur aux lois ; manuscrit de la bibliothèque de la ville de Rouen.

les docteurs en Sorbonne, les capucins et leurs élèves.

Le pasteur Gisbert Voët, qui professa pendant quarante-deux ans la théologie et les langues orientales à Utrecht, a donné dans son principal ouvrage (*Selectæ disputationes theologicæ*, 1648-1669, 5 vol. in-4°) dix espèces de preuves de la réalité des sorcelleries.

Il argumente de l'histoire de tous les peuples et des arrêts rendus par des cours de justice sur les aveux mêmes d'un grand nombre de condamnés (1).

Le ministre François Perrault, avec certaines réserves, admet les mêmes théories. Il dénie seulement aux sorciers une partie des pouvoirs dont on les croit investis (2).

Le plus remarquable et le plus agressif des ouvrages sur la sorcellerie est celui de Jean Ellinger, diacre à Ahrbeilingen (*Hexen Cop-*

(1) Diefenbach. *l. c.*, cite une foule d'écrivains et de pasteurs protestants qui, dans leurs ouvrages et leurs sermons, affirment leur foi à la sorcellerie.

(2) *Démonologie et traité des démons et des sorcières et de leur puissance et impuissance.* Genève, Pierre Aubert, 1565.

pel). Il demande aux autorités, aux gouverneurs, aux fonctionnaires, de lapider, de déraciner, d'anéantir les sorciers et les magiciens jusqu'au dernier.

A côté de ces graves personnages, s'en présente un autre, beaucoup moins érudit, mais plus pratique et plus hardi, Valentin Greterik, un amateur de sorcellerie, qui a joint l'action à la parole et aux écrits.

De 1662 à 1670, il a occupé et presque passionné l'Irlande et l'Angleterre. Il a raconté lui-même sa vie et ses miracles (1).

Greterik, d'une famille estimée et connue, avait été lieutenant d'une compagnie pendant la guerre d'Irlande. Il eut, en 1662, une révélation, confirmée en 1665, sur la manière de guérir certains malades en les touchant; c'étaient des possédés, il suffisait d'en chasser le diable. Il connaissait le nombre des esprits, leur rang, leurs emplois, et se vantait d'entendre beaucoup mieux les intrigues des démons

(1) *Account of his great and strange cures*. London, 1666. in-4°.

que celles des hommes. On venait à lui de toutes parts; les magistrats des villes et des campagnes le priaient de venir guérir leurs malades. On l'avait surnommé le *prophète irlandais*. Aussitôt que les démoniaques le regardaient ou entendaient sa voix, ils entraient dans de violentes agitations et souvent se roulaient par terre. Une de ses conjurations était celle-ci : « Esprit malin, qui as quitté le séjour des eaux pour affliger ce corps, je t'ordonne d'en sortir et de retourner dans ton ancienne demeure. »

Il était suspect au clergé, qui le considérait comme sorcier. Le roi voulut le voir, et lui fit ordonner par le comte d'Attington, secrétaire d'État, de se rendre à White-Hall. La cour, à part quelques esprits railleurs, fut émerveillée. Le duc de Buckingham, qui ne passait pas pour un esprit superstitieux, ayant une douleur à l'épaule, voulut être touché par lui. Saint-Évremond, qui était alors à Londres, nous dit, dans sa pièce intitulée: *le Prophète irlandais,* que quelques personnes ayant prié

M. de Cominges, alors ambassadeur de France en Angleterre, de le faire venir chez lui pour qu'on pût assister à ses prodiges, la foule des malades et des curieux fut si grande en son hôtel, qu'on eut beaucoup de peine à faire entrer tout le monde et à régler les rangs.

En quelques années, il devint célèbre. Un médecin anglais, Henri Subbe, a publié ses cures miraculeuses. Greterik reproduit dans ses mémoires un certain nombre de certificats délivrés par des témoins oculaires, parmi lesquels figurent : le célèbre Bayle, Wilkins, Corwost, le théologien Patrik, etc.

Greterik n'était qu'un charlatan. Parmi les vrais médecins, et même les plus renommés, beaucoup attribuaient les troubles nerveux, les crises hystériques à des causes surnaturelles.

Les pièces des procès de sorcellerie forment la plus complète histoire de la névropathie. Chez les démoniaques d'autrefois comme chez les hystériques de nos jours, les hallucinations évoluaient selon certaines lois que la science moderne a parfaitement déterminées; mais où nous voyons des malades, un certain nombre de médecins apercevaient des sorciers.

Félix Plater, qui, pendant plus de cinquante ans, occupa une chaire de médecine à Bâle, sa ville natale, était considéré comme un prince de la science au commencement du xvɪɪᵉ siècle. Il avait visité les cloîtres, les prisons, les cabanons infects où étaient enfermés les aliénés, et suivi les procès de sorcellerie. Dans son livre sur la médecine pratique, dont l'épître dédicatoire porte la date de 1602, il dépeint admirablement les maladies mentales; mais il admet une folie démoniaque caractérisée par des signes spéciaux, distincte des autres genres de manie et de folie. (1).

Daniel Sennert (1572-1637), professeur de médecine à Wittemberg, dans ses savantes dissertations sur la folie et la magie, décrit une sorte d'extase provoquée par des influences diaboliques. Il reconnaît que les démono-

(1) FÉLIX PLATER. *Praxeos medicæ*, Bâle, 1602, 3 v. in-8.

lâtres peuvent en réalité faire des excursions aériennes (1).

Un médecin, très estimé de ses contemporains, Jean-Christian Fromann, s'est rendu célèbre par son fameux livre sur *la Fascination*, divisé en trois parties. Il croit aux pactes avec le diable et à tous les prodiges attribués aux manœuvres de la sorcellerie (2).

Les docteurs Wecker, Baricellus, Ader, Cæsar, Salmasius, Fernel, Zacchias, Henri Decker, et bien d'autres, ont suivi les mêmes errements (3).

Thomas Willis (1621-1675), un des membres les plus distingués du collège des médecins de Londres, présenta des observations nouvelles sur les affections convulsives et les troubles fonctionnels. Dans l'exposé de sa doctrine, il consacre le principe d'après lequel le

(1) *Sennerti opera omnia*, 6 vol. in-f°, Lugduni, 1676, t. II, p. 393.

(2) *Tractatus de fascinatione novus et singularis, in quo, fascinatio vulgaris profligatur, naturalis confirmatur, et magica examinatur* (Nuremberg, 1675).

(3) DIEFENBACH, *loc. cit.*, p. 169.

corps peut être occupé par des esprits (1).

Le docteur Nynauld semble être descendu aux enfers pour étudier la médecine.

Suffira à présent, dit-il, de montrer comme le diable fait telles illusions en deux principales manières : La première est en se glissant à cachette dedans la fantasie des hommes pour esmouvoir les humeurs et troubler les sens, faisant voir des choses estranges, non qu'à la vérité elles soient telles, car, comme j'ay ci devant prouvé, il ne peut aucunement changer la nature des choses contre l'habileté naturelle que le Créateur leur a desparties.

Nostre but doncques est de parler des sorciers et esclaves du diable, auxquels le diable persuade telles choses par illusions assiduelles en leur troublant les sens et esmouvant les humeurs ou bien en vertu dequelque onguent qu'il leur donne pour s'oingdre le corps, luy toutefois s'y entremeslant secrettement, afin que n'estant aperçu, on refère le tout à la vertu de l'onguent (2).

Ancoran, médecin qui n'est pas trop crédule, affirme D'Autun, a compté dans la seule Guyen-

<hr>

(1) *Cerebri Anatomia*, imprimé en 1664.

(2) *De la Lycanthropie, transformations et extase des sorciers*, par J. DE NYNAULD, docteur en médecine. Paris, Millot, 1615, in-8°.

ne trois mille personnes ayant la marque du démon.

Paul du Bé s'est distingué par une étude approfondie sur les maladies causées par les maléfices, et les moyens de les reconnaître (1), ouvrage approuvé par quatre célèbres médecins de la Faculté de Paris : Guylon, doyen, Guy-Patin, professeur royal, Fontaine et Mercenne. On en faisait encore l'éloge au xviii° siècle (2).

Jean de Lampérière, médecin ordinaire du roi à Rouen, qualifié premier médecin de la reine régnante (3), s'entêta toute sa vie à ne voir partout que des possédés et des magiciens. Quelques religieuses de l'abbaye de Saint-Amand de Rouen ayant eu des attaques d'hystérie, il affirma qu'elles étaient possédées.

(1) *Medicinæ theoriticæ medulla, seu medicina animi et corporis, ad atrophilum, M. Pauli Du Bé, doctoris medici opus, non modo philosophis et medicis, sed etiam theologis per utile. Parisiis, apud Edmundum Couterot, via Jacobæa, sub signo Boni Pastoris, 1671, cum privilegio et approbatione.*

(2) PAUL DU BÉ. *Medicinæ theoricæ medulla*, etc. Paris, Ed. Couterot, 1677.

(3) Registre secret du 14 mai 1625.

D'autres médecins furent appelés et guérirent les malades. Magnart, son neveu, médecin fort en vogue à Rouen à cause de l'oncle, marcha sur ses traces, et soutint les mêmes théories. Consultés tous les deux dans le procès des religieuses de Louviers, ils déclarèrent qu'elles étaient possédées ou que nul ne l'avait jamais été. Leur rapport entraîna la conviction des juges et fit allumer plusieurs bûchers.

Si les médecins figurent souvent dans les procès de sorcellerie, il n'en est pas de même des avocats. Ils apparaissent à peine et n'ont pas dépensé leur éloquence au profit des accusés.

En 1640, Jacques Bonnefoy, procureur d'office de la baronnie de Belvoir, poursuivait comme sorcière une femme originaire de Surmont, Cathin Migel, veuve de Paris Bourgeois. Le juge, avant de prononcer la sentence, voulut prendre l'avis d'un avocat, Claude François N..., qui avait toute sa confiance et lui communiqua les pièces de la procédure.

Dans sa consultation, jointe au dossier

criminel, l'avocat examine l'affaire en fait, la discute en droit très longuement, fait une foule de citations françaises et latines et conclut à la culpabilité de la sorcière (1). La sentence de mort, prononcée le 13 septembre 1640, est copiée sur les conclusions de l'avocat.

Claude de Ferrière, avocat au parlement de Paris, jurisconsulte éminent, consacre, dans un de ses ouvrages, *le Nouveau Praticien*, plusieurs chapitres à la sorcellerie :

Le sortilège, dit-il, est une paction particulière avec le diable pour avoir pouvoir d'exercer la sorcellerie ou art magique avec renonciation expresse à Dieu. Ceux qui sont coupables de ce crime sont appelés sorciers, magiciens, devins et enchanteurs. Ils sont aussi appelés *malefici*, parce qu'ils sont ennemis du genre humain, l'art magique étant un pouvoir de nuire aux hommes, aux animaux et aux fruits (2).

Quant aux magistrats, ils ont souvent et hautement affirmé leur opinion.

---

(1) V. la consultation entière dans PERRICIOT, *Preuves de l'état civil des personnes et de la condition des terres dans les Gaules dès les temps celtiques jusqu'à la réduction des coutumes*, t. III, p. 404 et suiv.

(2) *Le Nouveau Praticien*, 3e édition, Paris, 1688, p. 448.

De Thou, historien président, croyait au sortilège et à l'astrologie. Dans son *Histoire universelle*, en parlant de la conspiration contre Pierre-Louis Farnèse, duc de Parme, il fait intervenir un magicien qui prédit à ce prince sa mort tragique. Il ajoute que ce fut « un exemple très remarquable des effets de la magie » (1).

Jean Grivel, ancien conseiller au parlement de Dôle, en a recueilli quelques décisions relatives aux sorciers, il les discute, et dit: « qu'il est certain que des maléfices et des sortilèges peuvent livrer les hommes à la possession du démon (2), qu'il n'y a rien d'impossible dans les faits révélés par les sorciers » (3).

Nicolas, ce vaillant conseiller du parlement de Franche-Comté, dans son livre admirable contre la torture, capitule sur ce point. D'après lui, c'est une marque très sûre d'ignorance de nier qu'il y ait des sorciers. « Si j'avais entre-

(1) De Thou, *Hist. univ.*, liv. IV.

(2) Jean Grivel, *Decisiones celeberrimi Sequanorum Senatus Dolani* (1618), *Decisio* XXXIII, n° 3.

(3) Le même, *Decisio* XVII, n°ˢ 47-48.

pris d'en prouver la perpétuité dès le commencement du monde, il ne me serait pas bien malaisé d'en venir à bout (1). »

Le président La Roche Flavyn, à Toulouse, montre les juges « protégés de Dieu, non seulement contre la puissance humaine, ains aussy contre la puissance diabolique et des malins esprits ».

Il va plus loin :

Les sorciers qui sont guidez et possédez par le diable peuvent esmouvoir et encliner les juges à pitié s'ils peuvent jeter les yeux sur eux les premiers; ils peuvent aussy se oster les fers des pieds et des mains (2).

Peut-être les sorciers pouvaient-ils davantage! Bien des juges craignaient de tomber dans leurs pièges. Pierre Le Loyer, conseiller au présidial d'Angers, les rassure en ces termes :

(1) NICOLAS, *Si la torture est un moyen sûr à vérifier les crimes secrets*, p. 153.
(2) LA ROCHE FLAVYS, *Treize livres des parlements de France*, liv. III, ch. LVII, § 1er.

Les sorciers, quelque rage diabolique qui les guide et quelque puissance qu'ils aient du diable qui les couvre de ses prestiges et leur donne une autre forme, tout cela devient à néant quand la justice paraît, que Dieu exerce en terre, par tous les hommes. Contre cette Justice, les sorciers, *brilous* ou *herrburges*, comme la loy salique les appelle, ne peuvent rien, ni leurs petits maîtres qui sont les diables. Les juges ne peuvent pas être charmés ; il est prohibé aux sorciers d'exercer leurs arts en leur présence, et peuvent les juges librement et sans crainte prononcer leurs sentences contre les coupables et convaincus (1).

Des magistrats, après avoir contribué à la destruction des sorciers par leurs sentences ou leurs écrits, avaient des doutes et des remords.

Quelques-uns consultaient leur confesseur ou des religieux habitués à assister les condamnés. Un de ces religieux dit en chaire, en plein auditoire :

Que les magistrats ne devaient pas craindre de poursuivre avec vigueur et sévérité les sorciers et les sorcières, étant bien certain que l'on n'en avait jusqu'alors exécuté aucun qui ne fût coupable (2).

(1) PIERRE LE LOYER, *Discours et histoire des spectres et apparitions des esprits, anges, démons et âmes séparées des corps se montrant visibles aux hommes.* Paris, 1605, in-4°.
(2) F. B. DE VELLEDOR, *Doubles XXX*, p. 169.

Certains magistrats tremblaient quand même. On s'est amusé aux dépens des conseillers d'Aix d'une aventure comique racontée par des historiens sérieux (1). Le volumineux dossier de l'affaire Gaufridi était déposé sur le bureau de la Chambre du Conseil. Le conseiller rapporteur, M. Thoron, venait de lire les pièces les plus importantes. Les juges avaient été très frappés de la déposition de plusieurs témoins qui déclaraient que le prêtre sorcier, au retour du sabbat, rentrait par le tuyau de la cheminée. Tout à coup un bruit sourd et prolongé, une sorte d'écroulement se produisit dans la cheminée, et un petit homme noir apparut, les cheveux hérissés, agitant les bras comme s'il sortait du feu. Un cri de frayeur : « Le diable! » et tout le monde en fuite. Le rapporteur, embarrassé dans le bureau, ayant fait un faux mouvement, se trouva en présence d'un ramoneur, qui se sauva à toutes jambes, craignant de tomber entre les mains de la justice.

(1) PAPON, *Histoire générale de Provence*, t. IV, p. 130.

Des criminalistes se sont particulièrement consacrés à l'étude des sorciers.

La démonologie a eu ses spécialistes, qui ont déployé une science et une érudition merveilleuses.

On dirait qu'ils ont vécu dans la plus grande intimité avec le diable, et qu'il leur a révélé tous ses secrets. Ils connaissent ses mœurs, ses habitudes, son pouvoir, ses communications avec les hommes, ses artifices et toutes les lois de son pouvoir. Ils décrivent les monstruosités du sabbat, racontent les crimes des sorciers, indiquent les procédures à suivre, les peines à appliquer, et font, en les approuvant, le récit détaillé d'une foule de procès de sorcellerie, fondés presque toujours sur les mêmes accusations.

Le XVᵉ et le XVIᵉ siècle ont eu des démonologues devenus célèbres : Jacques Sprenger et son collaborateur, l'inquisiteur Institor (1), Jean Nider (2), le jésuite Del Rio, ancien con-

(1) JACQUES SPRENGER, *Malleus maleficiorum*. Lyon, 1584,
(2) JEAN NIDER, *Formicarium de maleficis et eorum decep-*

seiller du Parlement de Brabant (1), Jean Wier,
médecin du duc de Clèves, qui croit aux arts
magiques tout en combattant les abus et les
cruautés des procédures (2), Bodin, avocat
au Parlement de Paris, puis procureur du roi
à Laon (3), Nicolas Rémy, procureur général
de Lorraine de 1591 à 1599, qui assure avoir
brûlé 800 sorciers ou sorcières en huit
années (4).

Ma justice est si bonne, écrivait-il, que l'année dernière, il y a eu 16 sorciers qui se sont tués pour ne
pas passer par mes mains.

lionibus, qui se trouve imprimé dans la première partie du
Malleus maleficum.

(1) DEL RIO, *Desquisitiones magicæ*, Louvain, 1599;
Mayence, 1624, in-4°. Duchesne en a donné un abrégé en
français.

(2) JEAN WIER, *Histoire, disputes et discours des illusions et impostures des diables, des sorciers et empoisonneurs*, nouvelle édition. Paris, 1888 (Delahaye et Lecros-
nier).

(3) BODIN, *La Démonomanie ou traité des sorciers*. Paris,
1587, in-4.

(4) N. RÉMY, *Dæmonolatriæ libri tres ex judiciis capi-
talibus nonagentorum plus minus hominum qui sortilegii
crimen intra annos quindecim in Lotharingia capite
luerunt*, in-fol. Lyon, 1595 (plus tard autre édition in-8 à
Cologne).

Dans ses vieux jours, au commencement du xvii° siècle, il employa les loisirs de sa retraite à faire sur les sorciers un long poème fastidieux. Après une lourde tirade sur la difficulté d'arracher des aveux de la bouche des sorcières, il dit :

On croirait le démon en leur gosier placé,
Tant il se gonfle et tant le silence est gardé.
Mais déjà si l'on sait les verser sur le dos,
Et dans leur bouche ouverte infuser un peu d'eau ;
Surtout de l'eau sacrée empruntée à l'église,
Une confession aussitôt est émise.
Les Grecs, en leurs tourments si raffinés, si forts,
N'en obtiendraient jamais l'aveu des moindres torts ;
Tous leurs poils tomberaient de leurs peaux ratissées
Qu'on les verrait dormir sans crainte, déhontées.
Pour le sûr, le démon dans quelque coin caché,
Conduit toute la scène avec autorité.
C'est lui qui leur impose une mâle constance ;
Et contre la douleur leur ferme résistance ;
On sait qu'il est instruit des tourments préparés,
Et les en avertit en termes mesurés,
Qu'il leur déclare aussi la peine rigoureuse
Qui suivrait de leur pacte une rupture honteuse ;
Qu'au moment que quelqu'une en danger de mourir,
Et sous d'affreux tourments sur le point de trahir,
Il se rend auprès d'elle et lui donne courage,

Lui promettant ses soins pour réparer l'outrage.
En ma présence, un jour, ce fait est arrivé :
Comme à mes questions, d'un air embarrassé,
La sorcière restait entièrement discrète,
Je soupçonnais près d'elle une cause secrète :
Elle baissait les yeux et puis les relevait,
Par ses gestes à soi du secours appelait.
J'exigeai la raison d'une si grande crainte
La sorcière alors déposant la contrainte :
« Hélas! s'écria-t-elle en sa vive douleur,
Voilà de tous mes maux l'abominable auteur.
Il se tient sur ce mur, placé dans cette fente ;
Pour me couper la voix, il sème l'épouvante,
Des pattes d'un homard ses mains ont le contour ;
Dans la fente il s'avance et rentre tour à tour,
Semblable au limaçon qui rencontre une borne
Ah ! voici qu'il recule avec sa double corne ! »

Lorsqu'on a la patience et le courage de se familiariser avec ces savants démonologues, de parcourir avec eux les cercles infernaux de la sorcellerie, on se sent oppressé, on a besoin d'air et de lumière; on aspire aux clartés du grand siècle; on ouvre avec avidité les livres qui portent à peu près les mêmes titres, qui traitent les mêmes sujets; on espère trouver la revision des anciens procès et la réhabilitation des victimes; mais on s'aperçoit bientôt que le nombre des sorciers et celui de leurs persécuteurs n'ont fait qu'augmenter, que les anciennes doctrines résistent aux efforts impuissants de la science : on retombe dans les mêmes ténèbres.

Parmi les spécialistes du xvii° siècle, la plus grande figure est celle de Pierre de Lancre, conseiller au Parlement de Bordeaux. Envoyé dans le pays de Labourd pour instruire les procès d'une foule de démoniaques que ne pouvaient plus contenir les prisons, il en fit brûler environ 500 et consigna ses observations dans deux ouvrages importants, écrits avec beaucoup de soin, qui lui firent une célébrité :

1° *Le Tableau de l'inconstance des mauvais anges* (Paris, 1613). Le frontispice de cet ouvrage représente, dans la première édition, une scène horrible du sabbat, dessinée d'après les indications de l'auteur. De Lancre nous apprend que, de son temps, le diable avait poussé l'audace jusqu'à tenir ses assises aux portes de Bordeaux et au carrefour du palais

Gallien ; que ce n'étaient plus seulement comme autrefois des hommes vulgaires, idiots et nourris dans la bruyère, qui assistaient aux fêtes démoniaques ; mais bien encore des gens de qualité que Satan faisait paraître voilés dans la crainte qu'on ne les reconnût et qu'on ne les dénonçât au pouvoir.

2° *L'Incrédulité et Mescréance du sortilège pleinement convaincu, où il est traité de la fascination, de l'attouchement*, etc., in-4°, 1622.

Aux objections des incrédules qui nient le sortilège, il fait cette réponse :

Qu'il n'y a rien de tout cela impossible au démon, et que chaque chose dont on accuse les sorciers se trouve confirmée par tant d'exemples notables, voire par leurs propres confessions, qu'il n'y a homme, pour docte ou ignorant qu'il soit, qui les puisse contredire .

Des confessions ! il en reçut de singulières au pays de Labourd. Il faillit être victime d'un complot diabolique, dont on lui a rapporté tous les détails.

Pendant notre commission, le sabbat se tint dans notre logis à Saint-Pé, comme nous le dirent le lendemain nos témoins, qui étaient dix-huit ou vingt enfants et filles de tous âges, depuis huit ans jusqu'à vingt-deux, qui étaient enfermés sous clef au-dessous de ma chambre cette même nuit, et alors que le sabbat se tenait sur la place de Bayonne (1).

Ces témoins lui firent des révélations effrayantes :

Le diable commença son entrée dans la maison par un acte dégoûtant et accorda ses faveurs à la Sansinena sur le seuil même de la porte. Après cela, le sabbat tint pendant plus de deux heures dans votre propre chambre, Delancre ; mais le diable, n'osant pénétrer aussi avant que les autres, se contenta de se tenir à l'entrée de l'appartement. Trois sorcières notables se glissèrent jusque sous les rideaux de votre lit, avec l'intention de vous empoisonner ; . . . . . .

. . . .

elles finirent par déclarer que tous leurs efforts pour vous perdre n'amèneraient aucun résultat (2)...

Voilà ce que raconte sérieusement de Lancre et ce n'était pas un esprit vulgaire.

(1) DE LANCRE, *Incrédulité et Mescréance du sortilège pleinement convaincues,* p. 38 et 547.

(2) DE LANCRE, *L'Inconstance des mauvais anges,* p. 113.

Homme du monde, laborieux jurisconsulte, écrivain distingué, son style élégant et facile touche parfois à l'éloquence. Dans son *Livre des Princes*, il a émis des idées au-dessus de son siècle, et ne craint pas de dire que : *La loi est au-dessus du roi.*

En matière de sorcellerie il ne faisait que suivre l'opinion commune. Sa conviction était plus profonde parce qu'il avait constaté plus de faits, auxquels il ne pouvait donner d'autre interprétation que celle de la science et de la loi.

Au même rang vient Henry Boguet, le grand juge de Saint-Claude, l'exterminateur des sorciers. Il est trop connu pour qu'on s'y arrête longtemps.

Appelé à ses fonctions de juge par Ferdinand de Rye, le 1er février 1596, il les exerça jusqu'à la fin de l'année 1616, et fut nommé conseiller au Parlement de Dôle.

On l'accusait d'avoir fait périr 1 500 sorciers. D'après le dernier historien de l'abbaye de Saint-Claude, qui a compulsé tous les registres, le chiffre se réduit à 600 (1). Il faut lui en donner acte.

Quel juge actif, instruit, convaincu! et quelle érudition, quelle science de criminaliste! Il connaît et cite dans ses ouvrages tous les démonologues qui l'ont précédé, et les complète par ses observations, fruit d'une longue expérience.

On prenait son avis dans les cas embarrassants. Au commencement du xvii° siècle, Salins et ses environs étaient infestés de sorciers. Le juge Romanet, chargé d'en purger le pays, consulta Boguet, qui répondit par une *Instruction pour un juge en faict de sorcellerie.*

Son principal ouvrage est le *Discours des sorciers*, qui a été traduit dans toutes les langues.

Ce livre, où Boguet rapporte et commente une foule de procès, est dédié à messire Antoine de la Baume, abbé de Luxeuil. Dans la préface, après avoir constaté que les sor-

(1) P. Benoit, *Histoire de l'abbaye et de la terre de Saint-Claude*, t. II, p. 554.

cières sont plus nombreuses et ont fait plus de mal que les sorciers, il invite tous les honnêtes gens à travailler à leur destruction; il demande que « nous nous bandions tous unanimement contre ceste vermine infernale afin de ne pas la laisser vivre ».

On a joint au *Discours des sorciers* l'*Instruction d'un juge en faict de sorcellerie*. La première édition, très soignée, parut à Lyon en 1602, chez Jean Pillehote, à l'enseigne du nom de Jésus, avec approbation de quatre généraux d'ordre. L'ouvrage est dédié à l'archevêque de Besançon, M. Ferdinand de Rye, prince du Saint-Empire romain, abbé de Saint-Claude, etc. Encadré de sonnets et terminé par un quatrain, il a l'aspect coquet et l'allure souriante d'un petit roman d'un auteur à la mode. Le mot : *fin de la table* repose sur une jolie vignette, une tête de jeune femme éplorée, une sorcière sans doute, reposant entre deux cornes d'abondance remplies de fleurs et de feuillages.

Le dernier sonnet et le quatrain méritent d'être cités :

A Monsieur Boguet,

SONNET.

Si ceux qui ont humé les hanaps de Parnasse,
Et qui sont favoris de son neumain trouppeau,
Ont acquis, triomphant, le Pythien rameau,
Qui des subtils esprits les tempes entrelasse :

Quel rameau, quel Laurier, guerdonnera la grâce
Et l'attique douceur de ce discours nouveau,
Qui défiant le temps, l'envie et le tombeau,
Esclaire nostre siècle et orne nostre race ?

Car outre ce ayant prins pour vostre gonfanon
Le droit, vous méritez un immortel renom :
Estant le *nourricier du flambeau* de Justice

Vous serez lofiangé par cet ample univers
Connu comme un Soleil à tous peuples divers
Pour servir désormais à voz pareils d'Élice.

QUATRAIN.

Votre ouvrage facond descouvre la malice
Et venin donne-mort du Médéan sorcier :
Mais par vostre équité et par droit justicier
Vous leur faites subir le mérité suplice.

G. Gruz.

Tout cela est parfait, délicat et plein de goût, mais sans analyser l'ouvrage, détachons de la préface cette profession de foi en bonne prose :

Je veux bien que l'on sache que je suis ennemi juré des sorciers et que jamais je ne les épargnerai tant pour leurs abominations exécrables que pour leur nombre infini que l'on en voit surcroître tous les jours...

Je veux bien qu'ils sachent que si les effets correspondaient à ma volonté, la terre serait tantôt répurgée, car je désirerais qu'ils fussent tous unis en un seul corps pour les faire brûler tout à une fois en un seul feu...

Si Boguet n'a pu accomplir son vœu, il a laissé des disciples et des imitateurs.

Les criminalistes le citent avec Nider, Sprenger, Del Rio, Bodin, etc., les promoteurs de la démonologie.

Son nom revient souvent sous la plume de Jacques d'Autun, prédicateur capucin, qui s'annonce comme libéral et progressif. Celui-ci reconnaît des abus et des erreurs; il veut ouvrir les yeux de la *crédulité ignorante;* mais il n'entend pas rompre avec le passé, et veut confondre l'*incrédulité savante.* Il dit, en parlant des magiciens et des sorciers :

Vous voulez que leurs sortilèges soient des chimères, leurs assemblées nocturnes des illusions, et leurs ma-

fligées des maux imaginaires qui n'affligent que ceux que l'opinion a rendus malades ; vous voulez que ceux que l'on accuse de s'adonner à la magie noire soient des mélancoliques ! Magiciens et sorciers forment une secte trop réelle, dont l'existence est prouvée par l'histoire profane et sacrée, par l'expérience et par la raison (1).

Son principal ouvrage, *l'Incrédulité savante et la Crédulité ignorante*, est plein de renseignements curieux. On y a joint une réponse du même auteur à l'*Apologie de Gabriel Naudé* sur les grands personnages qui ont été faussement accusés de magie. De nombreux chapitres sont consacrés à la sorcellerie.

D'Autun expose longuement les motifs pour lesquels il y a beaucoup plus de sorcières que de sorciers : La faiblesse, la curiosité, la sensibilité, toutes les passions de la femme la rendent plus accessible aux entreprises du démon :

(1) JACQUES D'AUTUN, *l'Incrédulité savante et la Crédulité ignorante au sujet des magiciens et des sorciers*, Lyon, 1671, in-4°. Discours IV, p. 25 et suiv. Cet ouvrage est dédié à MM. du Parlement de Dijon.

Enfin le démon dresse toutes ses batteries de ce côté-là, parce que la conquête d'une femme est celle de plusieurs : sa langue, qui ne peut tenir un secret, sait divulguer avec tant d'artifice, parmi ses semblables, tout ce qui se passe dans les assemblées nocturnes du sabbat, que le récit de ces nouveautés leur donne la curiosité d'en faire l'expérience et de voir ce que leurs oreilles ont ouï, lors principalement qu'elles sont travaillées des mêmes passions de haine, d'amour, d'ambition et de vengeance, qui ont engagé ces misérables dans le commerce des démons, et qu'on leur promet de les satisfaire, pourvu qu'elles consentent à un semblable engagement (1).

Il faut en conclure que s'il n'y a plus de sorcières de nos jours, c'est que les femmes transformées n'ont plus les défauts d'autrefois. Parmi les criminalistes, deux ardents inquisiteurs de la Franche-Comté, Jean Des Loix et son successeur, Pierre Symard, méritent une mention spéciale.

Des Loix, docteur en théologie de l'Université de Caen, provincial de l'ordre de Saint-Dominique dans les Pays-Bas, puis inquisiteur

(1) Jacques d'Autun, *loc. cit.* Discours IX, p. 61 et suiv.

du comté de Bourgogne, en 1623, joignait à son zèle impitoyable un certain talent d'écrivain et de jurisconsulte. Il a fait preuve d'une véritable science du droit canonique dans une étude sur l'*Inquisition bisontine* (1) et dans un traité sur les droits de l'*Office de la sainte Inquisition*.

Il s'étend longuement sur la procédure à suivre en matière de sortilège, et pour combattre l'ennemi sait quelles armes employer :

L'inquisiteur doit être inébranlable en sa personne et formidable à celui qui l'attaque, qui n'est autre que le diable, qui tâche de se rendre maître de ces misérables sorciers (2).

Son successeur, Pierre Symard, avait étudié la philosophie et la théologie à Paris.

Il fut nommé inquisiteur de Besançon le 4 mars 1649. Ses contemporains le représentent comme un homme de tournure élégante, de mœurs pures, et se contentent de dire qu'il

(1) Des Loix, *Speculum inquisitionis bisontinæ*. Dôle Antoine Binard, 1628.
(2) *L'Inquisiteur de la Foi*, Lyon, Jean Poiteret, 1634.

lutta courageusement pour la défense de la foi (1). Il était acharné à la poursuite des sorciers. On trouve dans les registres de la mairie de Besançon copie d'une lettre qu'il adressa aux magistrats de cette ville, pour se plaindre de l'insuffisance des prisons et demander un local plus spacieux. Il a laissé en manuscrit un traité sur les sorciers. Ce n'est qu'une imitation de celui que dom Francisco Torreblanca a fait paraître à Mayence en 1623.

Ce dernier ouvrage, d'un style concis, annonce des connaissances universelles en matière de magie et de sorcellerie. L'histoire et les exploits des sorciers, la procédure et les peines qui les concernent y sont exposés de main de maître (2).

Les parlements, si courageux et si indépen-

(1) P. Quétif, *Bibl. frater. predicatorum scriptor ordin. predicator* T. II, p. 560.

(2) *Dæmonologia, sive de magia naturali, demonotica, etc... lib. quatuor*.

Lib. I. *Tractatus de magiâ divinatrice*.

Lib. II. *Tractatus de magiâ operatrice*.

Lib. III. *De punitione hujus criminis in foro exteriori et judico, etc...* D. P. Torreblanca, 1623. Moguntiæ.

dants, qui ne craignaient pas d'adresser au roi les plus énergiques remontrances, n'ont pas su résister à l'entraînement général. Tous ont jugé, torturé et brûlé les sorciers jusqu'à la fin du xviie siècle.

Est brûlée à Paris, en 1617, Léonora Galigaï « convaincue d'avoir employé l'art magique pour parvenir à ses fins » (1).

Le Parlement de Bordeaux a ordonné des hécatombes, préparées par De Lancre et son collège Espagnet.

Celui de Lorraine n'avait pas oublié la tradition de son ancien procureur général, Nicolas Rémy, et ne restait pas inactif.

Les prisons de Dôle étaient encore pleines de sorciers en 1660, les conseillers ne pouvaient suffire à juger toutes les affaires. L'inquisiteur Symard, appelé à Gy pour détruire un foyer de sorcellerie, écrivit au seigneur de Gy, le 20 janvier 1660, qu'il ne pouvait remplir son office, aucun des magistrats de

______

(1) LEGRAIN, livre X, p. 406 et suiv.

la cour ne pouvant l'accompagner « à raison
des grandes occupations et multitude de prisonniers qu'ils ont à Dôle » (1).

Le Parlement de Toulouse qui avait envoyé
au feu 400 démonolâtres dans le Haut-Lan-
guedoc en 1577, n'était pas non plus disposé
à laisser les survivants dans l'impunité.

Celui de Normandie s'est distingué entre
tous par son opiniâtreté à poursuivre les magiciens et les sorciers (2).

En 1670, il veut faire brûler, malgré le doute
de quelques esprits éclairés, 34 prétendus sorciers, appelant d'une sentence de mort prononcée contre eux à Carentan. L'affaire est
portée devant le Conseil et va jusqu'au roi.
L'arrêt est cassé; le Parlement proteste, il ré-
siste à Louis XIV, à son chancelier, au conseil ;
vives remontrances, longuement motivées. Il
écrit au roi qu'il s'agit de l'honneur de la
compagnie, de la gloire de la vérité, des inté-

(1) *Archives de Gy.*
(2) A. FLOQUET, *Histoire du Parlement de Normandie,*
t. V, p. 620 et suiv.

rêts de la religion. Il en fait une question d'État, et ne cède que forcé par une déclaration royale (1).

Quelques lignes de sa longue mercuriale suffiront pour en faire connaître l'esprit :

V. M. est suppliée de faire réflexion sur les effets extraordinaires qui proviennent des maléfices de ces sortes de gens, sur les morts et maladies inconnues, précédées, le plus souvent, de leurs menaces, sur la perte des biens de vos sujets, sur l'expérience de l'insensibilité des marques, sur les transports des corps, sur les sacrifices et assemblées nocturnes, rapportés par les anciens et nouveaux auteurs, vérifiés de plusieurs témoins oculaires, tant de complices que de ceux qui n'ont aucun intérêt aux procès, et confirmés, d'ailleurs, des reconnaissances de beaucoup d'accusés; et cela, Sire, avec une telle conformité des uns aux autres, que les plus ignorants qui ont été convaincus de ce crime ont parlé avec les mêmes circonstances et de la même manière que les plus célèbres auteurs qui en ont écrit, comme le justifient quantité de procès qui sont dans votre Parlement (2).

Ces procès abolis en principe par la décla-

---

(1) FLOQUET, *loc. cit.*, p. 593 et suiv.
(2) *Registre secret*, 19 août 1670, et *Registre manuscrit de la Bibliothèque de la ville de Rouen.*

ration de juillet 1682, se renouvellent encore
de temps à autre.

A Beaumont-le-Roger et les pays environ-
nants, exécutions d'hommes et de femmes de
tout âge.

*Parce qu'ilz se sont servis de magie, pour pactes faitz
avec le dyable, escriptz et billetz en forme d'invocation des
démons, pour parvenir à se faire aimer, à trouver des
trésors, gaigner au jeu, rendre les personnes malades ;
pour avoir fait dire des messes avec consécration au
dyable* (1).

Vers 1685, sur le Vieux Marché de Rouen
périt dans les flammes un prêtre accusé de
magie (2).

Nous sommes loin de la date de 1632, à laquelle le bibliophile Jacob fixe le dernier procès de sorcellerie en France.

Ces idées rétrogrades ont été cruellement
raillées au moment de l'effervescence populaire
qui a précédé et préparé la grande Révolution :

(1) *Reg. de la Tournelle*, 22, 23 mars, 18 avril 1684.
(2) *Histoire de la persécution faite à l'Eglise réformée de
Rouen sur la fin du dernier siècle*, Rotterdam, 1704, p. 88.

L'on ferait une longue histoire des absurdités que les divers corps ont soutenues, non seulement au prix de leur réputation, mais encore au prix de leur repos et de leur vie : non seulement dans les temps de ténébres, mais encore au milieu des lumières dont ils étaient entourés. Les lumières pénétrent tard dans les corps ; ils sont presque tous comme des salles antiques où ils s'assemblent, où le grand jour n'arrive qu'à midi, et lorsque le pays est tout éclairé dès le matin.

L'amour-propre, qui les attache à leurs anciens principes, ne leur permet pas de croire qu'ils aient besoin d'être éclairés. Une sainte indignation les saisit contre les téméraires qui osent leur enseigner des choses qu'ils ne savaient pas, ou les inviter à changer des usages qui sont très bons, puisque leurs pères les ont suivis. Antiquité est pour eux synonyme de vérité (1).

Cette petite leçon pourrait s'adresser encore à quelques retardataires qui voudraient introduire l'immobilité jusque dans les institutions et dans les lois.

La doctrine de nos doctes et graves parlementaires était celle de tous les tribunaux, de

(1) *Considérations sur les intérêts du Tiers-État, adressées au peuple des provinces par un propriétaire foncier*, in-8, p. 53 54.

tous les sièges de haute et basse justice de l'Europe entière, sans distinction de forme gouvernementale et de religion.

La Réforme, qui avait bouleversé tant d'esprits, renversé tant de barrières et fait couler tant de sang, n'avait pas modifié sur ce point les croyances et les aberrations des corps judiciaires.

Les travaux récents du Dr Ladame nous édifient pour la Suisse (1). En Écosse, J. Graham Dalyell, en racontant les superstitions de son pays, a démontré leur influence sur ceux qui étaient chargés de rendre la justice (2).

L'ouvrage considérable de Thomas Wright sur la magie et la sorcellerie a fait la même preuve avec plus de développements pour l'Angleterre (3).

(1) LADAME. 1° Procès criminel de la dernière sorcière brûlée à Genève le 6 avril 1652. — 2° Les possédés et les démoniaques à Genève au XVIIe siècle. (*Étrennes chrétiennes* 1892.)

(2) *The Darker superstitions of Scotland*, Glascow, 1835, in-8.

(3) *Narrative of sorcery and magic from the most authentic sources*. London, 1852, 2 vol.

La critique moderne, en Allemagne, a fait de véritables découvertes. Elle a fouillé de nombreuses archives et mis au jour les plus curieux documents. Depuis les savantes études de G. C. Horst (1) et de J. Garres (2), il s'est élevé une polémique assez vive entre la presse catholique et les écrivains protestants. Roskoff, dans l'*Histoire du diable* (1860), et Soldan dans son *Histoire des procès de sorcellerie* (3), attribuent la propagation et le développement de la foi démoniaque aux tendances et aux écrits catholiques. Les adversaires de la Réforme ont énergiquement protesté et voulu démontrer par la même méthode que la domination de Satan était plus grande dans le camp ennemi. Rauwenhoff (*Histoire du protestantisme*,

(1) G. C. Horst, *Demologie oder Geschichte des Glaubens an Zauberei dæmonische Wunder mit besondere Berücksichtigung des Hexprocesse seit den Zeiten Innocentius des achten*. Francfort-sur-le-Mein, 1818, 2 vol. in-8.

(2) *Die christlich mystik*, ouv. traduit en français par Ch. Stefoi, 1825. Le 3e volume est consacré à la mystique diabolique.

(3) *Geschichte der Hexenprocesses aus den Quellen dangestellt*. (Stuttgart, 1843, édition revue et augmentée par le Dr H. Heppe, 1880.)

t. II, p. 187) soutient que la superstition chez les protestants a acquis un caractère plus dogmatique que chez les catholiques. J. Diefenbach a travaillé pendant dix ans à son *Histoire de la sorcellerie* avant et après la Réforme en Allemagne. Il résume, d'après des pièces authentiques, et quelquefois reproduit presque en entier de nombreux procès soumis aux juridictions protestantes, notamment à Moetlingen (p. 1 à 9), Wertheim (p. 10 à 12), Fridenberg (p. 12 à 20), dans les villes libres de Schweinfurt et de Esslingen (p. 90 à 92), dans le margraviat de Hombourg, etc. (p. 97 à 103) du xv° au xviii° siècle ; il compare ces procès aux poursuites exercées dans les pays catholiques, et, d'après lui, l'ignorance et la crédulité des juges, en parfait accord avec l'enseignement et les prédications des ministres, l'emportaient dans les territoires protestants. Il affirme même qu'il n'y a pas eu un seul sorcier de brûlé à Rome.

Une vaste et récente encyclopédie catholique imprimée à Fribourg-en-Brisgau, à l'article :

Procès de sorcellerie, après avoir cité de nombreux exemples, arrive à la même conclusion (1).

Nous ne voulons pas intervenir dans le débat, où s'est développée dans les deux camps une immense érudition ; mais tous les documents que s'opposent les adversaires sont précieux à consulter pour l'histoire de la sorcellerie au xvii⁰ siècle, on voit partout les juges souverains comme les plus humbles représentants de la justice, à part quelques efforts de réaction et quelques protestations isolées, suivre aveuglément la foule ignorante et crédule. Une gravure du xvii⁰ siècle représente Thémis, un bandeau sur les yeux, tenant une vaste balance, les deux plateaux remplis de diables et de sorciers avec cette légende :

« *Non numerantur sed ponderantur.* »

(1) *Dictionnaire de l'Église ou Encyclopédie de la théologie catholique et de ses enseignements*, par WETZER et WELTE, t. II, p. 191.

CHAPITRE II

LA PUISSANCE ET LE GOUVERNEMENT DU DIABLE

Métamorphoses. — Incubes. — Succubes. — Comédie au couvent. — Initiation. — Secret du langage diabolique. — Marque du diable. — Possession. — Obsession. — Une vierge peut-elle être possédée ? — Pactes. — Horrible pacte féminin. — Histoire prodigieuse et procès de Jean Jordain. — Vieilles femmes. — Enfants. — Consécration au diable. — Jeunes filles. — Femmes mariées. — Exploits nocturnes. — Amours secrètes du diable. — Sa paternité. — Ses fourberies. — Recherches de trésors. — Le banquier du diable. — Démons des mines. — Cruautés, ingratitude. — Aventures d'un sorcier de Moulins.

Les procès de sorcellerie nous révèlent la puissance et les procédés du diable. Ambitieux, jaloux, perfide, à la tête d'une armée formidable, il veut par tous les moyens étendre son empire et lutter contre Dieu. Les démonographes ont décrit son gouvernement. Jean Wier, qui, en plein xvi° siècle, a pris si courageusement la défense des sorciers, dans son traité *De Prestigiis et Incantationibus* (traduit en français par Jacques Grevin, Paris, 1667), présente un tableau détaillé de la monarchie diabolique. Il compte 72 princes, qui commandent à 7 405 900 diables. Ces légions, que d'autres croient encore plus nombreuses, sont lancées à la conquête du monde. Elles ont des armes terribles, une stratégie et des ruses qui méritent le nom d'infernales.

L'audace, l'hypocrisie, le mensonge, inutile d'en parler.

Le puissant maître peut revêtir toutes les formes, « se composer un corps avec l'air ou d'autres éléments (1) », arriver à toutes les transformations. A. Michel, célèbre magicien de la ville de Moulins, brûlé par arrêt du parlement, en 1623, dit au juge que la première

(1) Boguet, *Discours des sorciers*, chap. vii. — Fr. Perreaud, *Démonologie ou traité des démons et sorciers, de leur puissance et impuissance*, p. 140, 141. Genève, Pierre Aubert, 1653.

fois que le diable l'aborda il n'avait point de forme. A la seconde et à la troisième fois, il était en feu.

Il peut n'être qu'une ombre, prendre une figure humaine, se donner l'apparence d'un animal quelconque, et même se transformer en ange de lumière.

Dans une procédure ouverte à Clerval en 1656, Claudine Bourgeard, âgée de plus de 80 ans, déclare que :

Le diable lui apparut en forme d'une ombre qui l'invita à luy dire quel mal elle avait, et que s'il luy fallait de l'argent, pourvu qu'elle se donnât à luy, il luy en donnerait ce qu'il luy faudrait (1).

Même apparition sous forme d'une ombre à Michée Chauderon, de Boège, en Savoie, la dernière sorcière brûlée à Genève le 6 avril 1652. L'importun la piqua avec un instrument semblable à une alène de cordonnier à la lèvre supérieure et au sein droit, et lui assura

(1) A. Tuetey, la Sorcellerie dans le pays de Montbéliard au XVIIe siècle, pp. 85 et 93.

qu'elle ne manquerait de rien si elle se donnait à lui (1).

Saincte de Duc était désespérée de la mort de son mari et de la perte de ses biens. Le diable vint à elle comme un *angèle consolant*, et lui fit entendre de si belles paroles qu'il obtint d'elle tout ce qu'il voulut.

La forme d'un animal ou d'un homme est celle qu'il préfère. De la peau du bouc, de l'âne, du mouton, il passe aux oiseaux et à l'insecte, transformations à l'infini. De savants démonographes, après Del Rio, Rémy, Boguet, expliquent comment elles s'opèrent (2). Rien de plus simple, mais, dans la crainte de passer pour sorcier, nous ne voulons pas initier le lecteur à tous ces mystères de la haute magie. Un sorcier, âgé de 60 ans, de la paroisse de Brigueil, du village d'Alest, fait connaître au lieutenant criminel de Montmorillon que son diable, nommé Abiron, bourdonnait autour

(1) Ladame. *Procès criminel de la dernière sorcière brûlée à Genève, le 6 avril 1652.*

(2) Jacques d'Autun, *loc. cit.* — Perreaud, *Démonologie ou traité des démons et sorciers,* p. 140 et suivantes.

de lui sous la forme d'une grosse mouche (1).

En 1663, Catherine Ebermain était continuellement tourmentée par les mouches pendant ses interrogatoires, les juges en conclurent qu'elle était visitée par son *Beelzébuth, le roi des mouches* (2).

Béatrix Taschez, femme de Jean Jacquot, dit Page, de Charriez, condamnée au bannissement perpétuel, en 1611, pour ses communications avec le diable, le voyait sous la forme d'un rat blanc sous le ventre (3).

Jeanne Boille, femme de Jean Chapuis, de Vesoul, avait un démon familier, qui venait à elle en forme de gros chat ou de petit chien noir. En 1629, la peine de mort, prononcée contre elle par le premier juge, fut convertie sur appel par le lieutenant général en bannissement perpétuel (4).

En Suisse, le démon se cache quelquefois

(1) De Lancre, *l'Incrédulité et mécréance du sortilège pleinement convaincu*.
(2) Diefenbach, *loc. cit.* p. 96.
(3) Archives départementales de la Haute-Saône. B. 5040.
(4) Archives départementales de la Haute-Saône. B. 5057.

sous la peau d'un lièvre. Dans le comté de Bourgogne, on le voit souvent en *mouton noir* (1). Il aime à présider, sous forme d'un bouc, les assemblées nocturnes.

D'après Boguet (*Discours des sorciers*, p. 15), quand il prend la forme humaine il est toujours noir. C'était peut-être vrai de son temps dans les montagnes du Jura, mais l'esprit malin avait plus de ressources et d'autres moyens de séduction. Pour gagner les hommes, il prenait souvent les traits d'une femme. On l'appelait alors *succube*. Il était *incube* dans le rôle contraire quand il venait tenter les filles d'Ève.

Un jeune homme, *beau en perfection*, d'un village de Harcota, près la ville d'Aberdonia, confessa publiquement devant l'évêque « qu'un succube, sous les apparences d'une très belle dame, le venait visiter toutes les nuits dans son lit, le liait jusqu'à ce qu'il eût pris tout ce qu'il désirait de son corps, et disparaissait ensuite sans s'inquiéter des portes soigneusement fermées (2) ».

(1) DEY, *Histoire de la sorcellerie dans le comté de Bourgogne*.

(2) DE LANCRE, *loc. cit.*, p. 375.

Le nommé Hetz de Werthein, allant à Wurtzbourg, rencontra l'esprit malin dans un bois sous la figure d'une femme agréable. Il l'écouta, fit un pacte, fut dénoncé et condamné comme sorcier par la justice de Werthine en 1647 (1).

Dans des procès jugés à Valenciennes, de 1616 à 1624, Marguerite Doisy, Thouette Piette, Arnoulette Desfranc ont aperçu l'infernal séducteur sous les traits d'un séduisant jeune homme, Arnoulette Desfranc s'est même donnée à lui par amour (2).

Louis Gaufridi, curé de l'antique paroisse d'Açoules, à Marseille, brûlé vif par arrêt du parlement de Provence le 30 avril 1611, vit le diable, à leur première rencontre,

...vêtu comme un homme de condition ou, si l'on aime mieux, comme un financier.

L'hypocrite et le tartuffe, quand il pénètre dans les couvents, ne craint pas de se donner

(1) DIEFENBACH, *loc. cit.*, p. 69.
(2) LOUISE, *De la sorcellerie et de la justice criminelle à Valenciennes du XVIe au XVIIe siècle*, p. 31.

l'aspect d'un confesseur ou même d'une religieuse.

Jeanne Pothierre, religieuse du Quesnoy, accusée de pratiques démoniaques, déclare qu'un galant de l'armée satanique, pour la tromper, a pris la figure d'un confesseur.

La voyant piquée d'épines de Vénus, il prit subtilement la figure du dit Père et, chaque nuit, revenant au couvent, il réussit près d'elle, la trompant tellement qu'elle pense y avoir été prise, de compte fait, quatre cent trente-quatre fois (1).

Une des premières victimes de l'épidémie de Louviers, la sœur Marie du Saint-Sacrement, dit dans un long mémoire écrit de sa main :

Sur la fin du mois de mai, entrant dans notre cellule, je trouvai sur notre couche un petit billet écrit en latin. Je faisais tout mon possible pour le lire, et je ne pouvais en venir à bout. Le diable prit la forme de la Mère de l'Assomption, qui me demanda à voir ce papier. Je le lui donnai aussitôt. Après avoir

(1) MASSÉE, *Chronique du Monde.*

bien discouru, le diable passa par la petite fenêtre qui était dans la cellule. Il revint depuis et me tourmenta beaucoup : il me pinçait, me piquait et me mordait. Une de nos sœurs vint apporter du linge dans notre cellule, et me délivra de ce cruel tourment.

M. d'Évreux vint le lendemain matin et fit sa visite dans le couvent. Et, comme il venait de passer devant notre cellule, le diable prit la forme de notre Père confesseur, qui vint me dire, tenant un papier : « Ma fille, voici un écrit que j'ai fait faire à M. d'Évreux, il faut que vous le signiez. » J'entrai dans la cellule d'auprès, car je n'avais pas d'encre dans la nôtre, et il se tint à la porte pendant que je mettais mon nom où il avait dit. « Je m'en vais, dit-il, car si l'on me voyait seul avec vous, cela scandaliserait. Je vous le lirai une autre fois, gardez-le. » Il sortit aussitôt, je pliai ce papier que je mis sur mon estomac; mais je ne le portai guère loin, car en entrant dans le dortoir, qui était proche, on me le prit.

Un autre jour, le diable prit la forme d'une religieuse, qui me montrait des témoignages d'une grande affection, parce que nous avions été compagnes avant que d'entrer en religion. Il me vint trouver à l'heure du silence, me témoignant de grands regrets de me voir ainsi travailler et être tous les jours, jusqu'au soir, sans manger, me disant qu'on avait envie de me faire mourir, ou tout le moins de me faire troubler.

Le diable, à plusieurs fois, prit la forme de cette

religieuse pour me tromper, m'apportant des roses et des œillets. Quelquefois elle me les montrait pour me divertir, puis, quand elle m'avait menée dans un lieu éloigné, elle me faisait beaucoup souffrir, car elle me frappait rudement et me mordait comme un chien.

Une autre fois, je roulais dans mon esprit l'état étonnant dans lequel je me trouvais à cause de ces piperies et transformations fréquentes, et que, pour me préserver, notre Père confesseur avait ordonné à la Mère vicaire de me venir voir de temps en temps, le diable, qui est toujours au guet, se servit de cette occasion, prenant la forme de la Mère vicaire, et cette détestable figure ne manqua pas de faire toutes les mines qu'il fallait pour me donner croyance.

Un ange de lumière, dont il sera parlé fort souvent, me jure, me persuade que le confesseur du couvent est un vrai magicien, qu'il est amoureux de moi, et qu'en bref il me doit découvrir sa flamme. Enfin ce pipeur en vient aux transformations ; il se travestit comme lui de gestes, d'habits et de paroles ; il donne les mêmes enseignements et consolations, se fait tout pareil à notre Père, et en prend complètement la forme, lequel un jour, bien matin, entra dans notre cellule et commença à me déclarer sa passion...

Le terrible tentateur se présente aux gens quand ils sont seuls, inquiets, malheureux, tourmentés de passions qui peuvent servir à ses desseins.

Il connaît leurs désirs, leurs besoins, leurs faiblesses et agit en conséquence. Il s'adresse principalement aux pauvres, aux malades, aux déshérités. Toujours en quête de nouveaux adeptes, il exploite habilement toutes les misères, toutes les colères et toutes les haines. Il promet l'oubli des maux, la richesse, des dons merveilleux, la science du mal pour les vengeances les plus rapides et les plus raffinées.

On ne l'a jamais surpris en pareil colloque, parce qu'à la même heure et au même lieu il peut se rendre visible aux uns et invisible aux autres, et parler un langage qui n'est entendu que de la personne intéressée. L'éloquence démoniaque a préoccupé les spécialistes. Ils expliquent comment les esprits diaboliques, revêtus de formes trompeuses qui n'ont ni langue ni bouche, peuvent être si beaux parleurs et si persuasifs (1).

(1) D'AUTUN, *loc. cit.*, p. 97.

Les individus arrêtés comme sorciers et les témoins entendus contre eux racontent les circonstances plus ou moins fantastiques de l'initiation démoniaque : la renonciation à Dieu et au baptême, les promesses échangées, les conditions et la signature du pacte. Aussitôt qu'il est conclu, l'envoyé de l'enfer prend un nom familier pour qu'on l'invoque plus facilement, en donne un à son nouvel allié, et lui imprime une marque (*sigillum diaboli*) sur une ou plusieurs parties du corps qui deviennent insensibles.

De Lancre, en poursuivant les sorciers, en a trouvé plus de trois mille dans le pays Basque qui portaient la marque du diable (1). Des chirurgiens, requis par lui, en ont constaté trois sur une sorcière de Macaye, brûlée le 12 juillet 1610. De son temps, à Biarritz, presque toutes les sorcières étaient marquées à l'œil. Ce signe avait la forme d'une patte de chat ou de crapaud (2). Il peut se trouver sur toutes

(1) De Lancre, *loc. cit.*, pp. 292, 293.
(2) De Lancre, *loc. cit.*, p. 37.

les parties du corps. Jeanne Dalley, femme de Jean Vogel, de Port-sur-Saône « avait été marquée entre le col et l'espole senestre d'une marque extraordinaire, inconnue et insensible, et sans que de la dite marque en soit issu aucune goutte de sang, encore que maître Simon Maistrot, *maître exécuteur* de la haute justice, y ait planté une longue épingle, ce qui aurait été fort bien recogneu et veu d'œil (1).

La possession peut avoir lieu sans pacte, d'une façon spontanée, même à l'église. Le traité de diablerie publié à Amsterdam en 1659, par Abraham Paling, contient une gravure qui représente le début d'une crise démoniaque pendant une cérémonie religieuse.

L'œuvre diabolique est plus ou moins complète. La possession se révèle habituellement par des contorsions, des cris, des hurlements épouvantables. Parfois le diable rencontre une vigoureuse résistance. Les pourparlers commencent; mais la conscience se révolte; elle

(1) Archives de Vesoul, 1606 à 1609, B. 5, 048.

repousse les avances du mauvais esprit, et tout se borne à l'obsession, qu'on peut combattre par le jeûne, la prière et l'aumône.

Les démonologues, les jurisconsultes et les parlementaires faisaient des distinctions subtiles entre l'obsession et la possession, et cherchaient à concilier l'influence démoniaque avec la liberté humaine. Des traités complets prétendent donner la clé de ces mystères (1).

Dans un arrêt du parlement de Dôle du 1er novembre 1600, qui condamne une sorcière à être brûlée, on remarque les motifs suivants :

Que s'il est certain que l'accusée a été possédée par des démons, il y a incertitude sur la question de savoir si elle l'était déjà au moment où elle s'est rendue aux réunions nocturnes des sorciers ; que les démons n'ont pas sur les possédés un pouvoir absolu, mais un pouvoir limité, et qu'en l'état de possession, la créature n'est pas inhabile à bien mériter de Dieu, ni à se rendre coupable envers lui. Que s'il est des possédés

(1) *Les manières admirables pour découvrir toutes sortes de crimes et sortilèges*, etc., par BOUVET, prévôt général des armées du roi en Italie. Paris, Jean de la Caille, 1672.

constamment obsédés par le démon, d'autres, au contraire, ont des moments de calme et de lucidité.

Que pendant l'obsession, les démons se servent des corps qu'ils habitent comme d'un instrument, et qu'en cet état les actes appartiennent au démon, non au possédé.

Que, dans les instants lucides, les démons sont tenus, sont tout au plus tentateurs, les possédés disposent de leur liberté et doivent répondre de leurs actes (1).

Les moralistes se sont aussi occupés de la question.

« Les démons quelquefois assoupissent toutes les puissances ou offusquent tellement le sens commun, que la volonté n'a plus l'usage de la liberté; ils se mêlent dans les passions, humeurs, imaginations et excitent des vices et des rages comme de damnés, etc. (2). »

Les jurisconsultes se sont demandé si une vierge pouvait être volontairement possédée du démon. Le parlement de Rouen s'est prononcé pour la négative dans un procès suivi

(1) Registres du Parlement de Dôle.
(2) Boudon, docteur en théologie et grand archidiacre de l'église d'Évreux, *Les voies de la croix*. Lépine, rue Saint-Jacques. Paris, p. 4, 189-190.

en 1668 contre Marie des Vallées, jeune fille accusée de sortilège. Les chirurgiens qui l'avaient visitée ayant déclaré qu'elle n'était pas déflorée, le parlement la renvoya des fins de la plainte (1).

Certaines campagnes du démon, dramatiques et mouvementées, mériteraient un récit détaillé. Quelquefois il n'arrive à son but qu'après un long siège, des attaques multipliées et de poignantes alternatives de revers et de succès. Saisissante est cette lutte dans un procès jugé à Bordeaux en 1614; elle aboutit à un horrible dénouement.

Au mois de mars 1614, Jean Jordain, du village de Moras, près d'Agen, âgé de 25 ans, valet de chambre de M. de Barastre de Castenet, conseiller au parlement de Toulouse, s'enamoura d'une nourrice de la maison, et, pour vaincre sa résistance, lui promit le mariage. Il lui fit même ce serment : « Je t'épouserai ou le diable m'emporte ! »

(1) FLOQUET, *Histoire du Parlement de Normandie*, t. V, pp. 715, 716.

— Prends garde, lui dit-elle, si tu venais à me tromper...

Il répéta, la main levée, la même formule.

La nourrice se croyant enceinte le pria d'exécuter sa promesse. Il l'entretint de belles paroles et chercha à gagner du temps. La malheureuse fille ne put l'attendrir par ses prières et par ses larmes. Désespérée et poussée à bout, elle se décida à tout avouer à son maître. M. de Castenet n'était pas homme à laisser impuni l'outrage fait à sa maison. Jordain prit peur et alla se réfugier chez des amis, puis chez son père ; ne se croyant pas suffisamment en sûreté dans la maison paternelle, il alla demander asile au prieur de l'abbaye de Saint-Sauveur à Blaye.

La crainte et le remords le poursuivaient dans la solitude. Une invincible tristesse s'empara de lui. Il se rappelait avec terreur l'engagement qu'il avait pris d'appartenir au diable s'il était infidèle. On le voyait errer seul dans les champs, et se promener des heures entières dans des lieux peu fréquentés qu'on appelle

Montail et de Gausons, au delà des faubourgs de Blaye.

Un jour, vers cinq heures du soir, il fut pris d'un violent mal de tête et vit tout tourner autour de lui. Subitement l'air s'obscurcit ; il se trouva enveloppé d'un épais brouillard et aperçut à deux pas de lui un homme tout courbé, vêtu d'un habit de soie noire, ayant une longue barbe et des cheveux noirs,

...qui, à la façon de bandoliers, luy battaient sur les espaules et sur le visage. Il estait borgne de l'œil droit, sans manteau, une espée au costé, pieds nus et deschaux.

La vue de cet homme l'épouvanta ; mais pensant que ce pouvait être quelque soldat perdu et dévalisé, il le salua courtoisement et lui dit : « Jésus, Marie, vous m'avez fait grand'-peur ! » A ces mots, l'homme noir devint invisible ; mais il répondit à haute voix et très distinctement : « Dites encore cela, je m'en irai tout à fait et il vous arrivera malheur. » Jordain comprend qu'il est en face du diable ; une peur horrible le saisit ; il veut fuir ; mais une main de fer le maintient sur place.

Satan le sollicite de luy répondre et attendre toutes sortes de bonheur, pourvu qu'il lui promette de se donner à luy corps et âme ; qu'il renonce à sainct Jean son apostre ; en vertu de la quelle promesse, il aura une entière et parfaite jouissance de tous les contentements qu'il saura souhaiter. Ce fait, il luy présente un papier escrit, comme il luy semble, en forme de lettres de moule pour luy apprendre comme quoi il le faudra servir, lequel papier il fut contraint de prendre, forcé par l'importunité et continuelle sollicitation du dit homme noir, qui s'estait de nouveau rendu visible à ses yeux.

Jordain, tenant le billet comme s'il lui brûlait les doigts, dit qu'il ne sait pas lire et qu'il le fera examiner par Messire Benoît La Fite, vicaire perpétuel de l'église de Blaye ou par quelque autre. Le démon lui défend expressément de le laisser voir à personne, et comme Jordain insistait, il le lui arrache des mains, et propose de le lui expliquer dans un endroit désert du côté des moulins de Sainte-Luce.

Il s'entretint longtemps avec lui :

L'appastant et charmant d'un million de belles promesses : qu'il pourrait bien se donner du bon temps, prester de l'argent et jouer hardiment, parce que or ni argent ne lui deffaudrait jamais, et qu'en la nécessité il cognoistrait la vérité de ses discours et les effects de sa bonne volonté, pour tesmoignage de laquelle, s'il voulait destors, il le porterait en son pays, et le ramènerait dans deux heures, bien qu'il y eût vingt-cinq lieues ou environ. Que, surtout, il n'eust point crainte et n'entrast en desfiance, parce qu'il luy promettait, de bonne foi, dix ou douze ans de vie les plus heureux et les plus remplis de contentement qu'il pourrait souhaiter en ce monde, pourveu seulement qu'il se disposast de le suivre et d'aller avec lui.

Jordain n'était pas convaincu. Il répondit hardiment qu'il n'avait garde de se fier au diable, qui se faisait gloire de tromper tous les siens; que, peut-être, après l'avoir suivi et servi, il serait traité comme Conbaret (il voulait dire Gaufridi) qui, pour récompense de ses bons offices, avait été condamné exemplairement par le parlement d'Aix en Provence et brûlé dans la même ville.

L'inconnu le rassura et lui promit l'impunité

s'il savait garder le secret; il ne l'abandonnerait jamais.

Ains au contraire, s'il scavait se tenir caché des yeux du monde, il le ferait noyer dans les plaisirs et dans les délices, en l'abondance de l'or et de l'argent; il seconderait ses amours de tant de grâces, qu'il viendrait à bout de telles femmes et filles que bon lui semblerait.

Jordain se sentait fléchir et ne savait que répondre, quand il aperçut dans une vigne, à peu de distance, et fit remarquer au tentateur une commère du voisinage, la nommée Jeanne Bellue, qui passait pour fort mauvaise langue. Le diable lui affirma qu'il avait fait passer un nuage devant ses yeux et qu'elle n'avait rien vu ; mais Jordain ne fut pas rassuré. Il fit un signe de croix et s'enfuit en se débattant comme si le feu avait pris à ses vêtements.

Une ombre semblait le poursuivre et le menacer : un ricanement prolongé le fit tressaillir des pieds à la tête.

Le malheureux Jordain devient l'objet d'une perpétuelle obsession. Le démon le guette, le

poursuit, le tourmente sous dix aspects différents, même sous la forme d'un grand serpent
de la grosseur d'un homme et de six pieds de
long. Ses frayeurs, les sollicitations, les promesses, Jordain, dans ses interrogatoires, raconte tout, avec des détails qu'il serait trop
long de reproduire.

Un dimanche, entre cinq et six heures du soir,
l'importun vint lui poser la main sur l'épaule
et ne l'abandonna point qu'il n'eût jeté dans
la mer, au lieu dit *Le Rat*, près de Blaye, trois
livres qu'il avait achetés pour sa consolation,
savoir : deux volumes de la vie des Saints et
les sermons de Panigarole. Il lui donna rendez-
vous pour le samedi suivant aux Gausons à
quatre heures du soir. Après beaucoup d'hésitation, Jordain, à l'heure indiquée, alla se
promener tout seul dans une direction opposée :

Au lieu de Monteils, où, estant arrivé, il ressentit tout
à coup une grand douleur de teste, et semblable à celle
qu'il avait endurée lors de la première apparition, avec
un esblouissement des yeux, et tournoyement de cer-
veau, qui luy fut causé par une petite brouée.

Comme il voulait tourner à main gauche pour entrer dans une vigne, le démon l'arrêta, lui parla d'une voix épouvantable, et fit tant qu'il obtint sa renonciation à Dieu, et un peu plus tard une seconde promesse encore plus for_ melle, signée de son sang. La copie d'un de ces pactes figure parmi les pièces de la procédure.

Il voulut combattre et se relever par un acte de révolte. Il alla se confesser à l'abbé Benoît La File, fit avec lui et quelques religieux minimes une promenade à la Barrière, à une demi-lieue de Blaye, où ils firent une collation, et ne craignit pas, en compagnie de ces pieux personnages, d'assister à une messe dans la chapelle de Notre-Dame de Montuzet.

Rage concentrée et nouvelles apparitions de Satan, terribles menaces, épreuves de sa fidélité, emploi de tous les artifices pour le pousser à un horrible sacrilège. A cause de son insistance et de ses retours perpétuels, ce persécuteur est appelé dans l'information *Belzébuth dieu des mouches*.

Le 2 juillet 1614, Belzébuth vient le harceler de nouveau et le conjure d'aller prendre, dans l'église de Saint-Sauveur, la custode et l'hostie, de rompre l'hostie, d'en mettre les fragments dans un morceau de papier blanc qu'il cachera dans son pourpoint du côté gauche, et de les lui rapporter. Il lui donne toutes les indications nécessaires pour commettre ce vol, et lui dit qu'aussitôt après il le transportera à deux cents lieues, dans une ville où il pourra vendre la custode à quelque orfèvre huguenot.

— Et de l'argent pour le voyage? objecte Jordain.

— Je t'en donnerai tant que tu voudras.

Sur la réponse de Jordain qu'il n'est qu'un trompeur, et que son argent n'est que feuilles et pierres, il lui montre une bourse pleine d'or.

Jordain ne voulut rien promettre et demanda du temps pour réfléchir. Belzébuth en vint aux menaces et aux violences. Il prit une figure et une voix effroyables. Jordain épouvanté crut que la foudre allait tomber sur sa tête, il s'écria, vaincu : « Assez! assez! j'obéis! »

Le mercredi, 11 juillet, vers onze heures du matin, il pénétra dans l'église de Saint-Sauveur, prit la clé du tabernacle cachée à l'endroit indiqué, s'empara de l'hostie consacrée qu'il brisa et dissimula sous ses vêtements, se conformant à toutes les instructions de l'inventeur du sacrilège. Il en portait encore sur lui les fragments quand il fut arrêté et conduit devant la justice de Blaye.

Interrogé juridiquement, il confessa le tout; mais de plus qu'ayant été sollicité fort souvent par le diable de luy faire une promesse et donation de son âme et de son corps (le tout escrit et signé de son propre sang), bien qu'il l'eust refusé cent et cent fois, néanmoins, forcé par l'importunité de cet esprit damné, et alléché par la promesse qu'il luy fit de le faire rentrer aux bonnes grâces du sieur Castenel son maistre, il y avait à la fin consenti, et en avait fait deux, l'une sur un quatre de cœurs (qu'on n'a jamais pu trouver, bien que le criminel ait montré le lieu où il l'avait mise), l'autre sur un deux de cœur, party en deux, qu'un religieux alla prendre soubs une motte de terre, dans un sillon de blé déjà ensemencé, ainsi que luy avait enseigné le dit Jordain, sur lequel deux de cœurs, on trouva une promesse escrite du sang dudit Jordain, tiré avec la piqueure d'une épingle de sa mamelle gauche, et du petit doigt de la main gauche, comme il a confessé, contenant ces mots :

Je vous promets faire de tout ce que je vous dis, Jean Jordain, Jean Jordain tout à vous. Laquelle promesse, escrite de son sang, le pauvre misérable recognent fort bien, et la voyant, s'écria : « Ha, la voyla, le malheureux me la fit faire. »

Quant à la promesse du quatre de cœurs, si bien il ne se ressouvenait de la teneur d'icelle, toutefois il est bien assuré qu'il y avait ces mots : *Renonçant à son baptéme, au Père, Fils et Sainct-Esprit, et Marie-Magdelaine, et à son parrain et à sa marraine.*

L'affaire fut portée devant le parlement de Bordeaux. Par arrêt du 13 août 1614 :

Il fut ordonné que la promesse que ledit Jordain avait déclaré avoir fait au diable, produite au procez, serait rompue, dilacérée et bruslée par l'exécuteur de la haute Justice, et pour celle qui ne se trouva point : déclarée de nul effect et valeur ; que le dit Jordain la révoquerait et en ferait publique abjuration en présence du curé de la dite paroisse ou de son vicaire; qu'il ferait amende honorable devant la dite église du Saint-Sauveur, demanderait pardon à Dieu, au Roy et à la Justice, le condamne à avoir le poing coupé, à estre pendu et estranglé, puis bruslé, et en six vingts livres d'amende, scavoir : trente livres au Roy, trente livres à la fabrique de l'église Sainct-Sauveur, trente livres envers les Minimes, et trente livres envers l'Hospital (1).

L'engagement peut être tacite, verbal ou signé. Un serrement de main, une promesse suffit. Quelquefois, le pacte est signé d'une façon extraordinaire.

La sorcière Stevenote de Audebert, qui fut brûlée par arrêt du parlement de Bordeaux, en janvier 1619, montra au conseiller de Lancre, chargé d'informer contre elle, « une promesse contenant le pacte et convention qu'elle avait faict avec le diable qui l'avait séduite, escrite en sang et si horrible qu'on avait horreur de la regarder » (2).

Le tyran frappe à toutes les portes, sans s'inquiéter de la qualité des personnes ; mais sa plus nombreuse clientèle est parmi les vieilles femmes pauvres, idiotes et méchantes, ses

(1) Registres du Parlement de Bordeaux, 1614. DE LANCRE, *loc. cit.*, p. 659. et suiv.

(2) DE LANCRE, *loc. cit.*, p. 38. (Nous avons cru devoir supprimer une expression technique.)

alliées naturelles. Il a été facile à Diefenbach, dans son intéressant ouvrage sur la sorcellerie, avant et après la Réforme, de consacrer un chapitre à la vieillesse démoniaque dans les pays protestants (pages 60 à 62).

Les enfants ne sont pas à l'abri des entreprises sataniques. On peut naître sorcier ou le devenir dès la plus tendre enfance, soit directement, soit à l'instigation des parents.

Catherine Polus, des environs de Valenciennes, vouée au démon par son père et sa mère, devint sorcière à 8 ans.

Marie Desvignes, du village d'Halévy, fut initiée à 13 ans.

Georges Gaudillon, de Nezen, terre de Saint-Claude, fut condamné à mort

...pour s'être donné au diable sous environ 14 ans au bois de Vouglans, où était le dit diable en forme de mouton noir; et à la subjection d'iceluy aurait renoncé à Dieu (1).

Marie Carlier, fille d'une sorcière de Preseau,

(1) Besoit, *Histoire de l'abbaye de Saint-Claude*, t. II, p. 556.

village situé entre Valenciennes et Le Quesnoy, n'avait que 9 ans lorsque le roi de l'enfer lui apparut pour la première fois, en 1630. Il lui demanda si elle consentait à devenir sa fille, et lui promit, si elle voulait lui jurer une obéissance absolue, de lui donner beaucoup d'argent, un carrosse et de la poudre blanche pour tuer enfants, bêtes et gens.

En Allemagne, le nombre des jeunes victimes est incalculable.

A Werthein, en 1628, deux enfants sont offerts au démon dès leur naissance.

En 1629, les deux frères Klein et Daniel Barthol, âgés l'un de 5, l'autre de 10 ans, sont arrêtés comme fils de sorcier et serviteurs du diable. Dans ses interrogatoires, auxquels assistait son père, le plus jeune confesse que Satan lui est apparu en chat noir, puis une autre fois en lion. Sous la forme d'un bouc noir, il a dit à l'aîné qu'il s'appelait *Frère Laurent-Bouc*, l'a baptisé avec ces mots : « Jésus, fils de David, va-t'en, je te renie »; puis, lui a fait chanter une chanson intitulée : *Dans les enfers*.

Le 11 mars de la même année, la justice se transporte chez le pasteur de Bettingen pour l'audition de huit enfants signalés comme démoniaques. Tous, en pleurant, racontent qu'ils ont été baptisés par le diable et sont allés au sabbat.

En 1634, à la suite de nombreuses plaintes, les autorités de Werthein confient à un instituteur d'Erlenbach un certain nombre d'enfants au-dessous de 10 ans, que l'on considérait comme possédés; il les surveille et tâche de les calmer. Plusieurs lui avouent qu'ils sont en communication avec le malin esprit une partie de la nuit, et obéissent à ses ordres.

Dans son interrogatoire du 1ᵉʳ octobre 1642, Anna Hoz, menacée de la torture, avoue au juge de Werthein que son maître lui est apparu dans sa onzième année sous la forme d'une ombre noire; qu'il lui a fait renoncer à Jésus-Christ et l'a conduite au sabbat (1).

La consécration de l'enfance au démon aurait été réelle à Paris, en plein xvıı° siècle,

(1) DIEFENBACH, loc. cit., p. 38 et suiv.

si l'on admet les révélations faites dans les procès déférés à la commission de l'Arsenal, connue sous le nom de *Chambre ardente*.

Une des complices de la Voisin, une devineresse qui n'était pas une folle, la Filâtre, raconte au juge instructeur une horrible scène, dont elle affirme la réalité. La Simon, devineresse comme elle, étant devenue enceinte d'un sieur Lacoudray, appela la Filâtre pour procéder à une cérémonie dont le but était de consacrer aux puissances infernales l'enfant à venir. La Filâtre traça dans la chambre un cercle magique au bord duquel accoucha la Simon, en présence de Lacoudray, et quand l'enfant parut, son père et sa mère renoncèrent solennellement pour lui au baptême et au Saint Sacrement (1). Nous ne donnons pas la formule dans la crainte d'encourager les imitateurs qui, par esprit d'innovation, voudraient passer du baptême civil, essayé de nos jours, au baptême satanique.

(1) Manuscrit de la Bibliothèque du Corps législatif, B. 105/377.

Les mêmes faits se passaient en Allemagne. Le pasteur protestant Waldschmitt, auteur de vingt-huit sermons sur les sorciers et les esprits, publiés en 1660, et d'un traité sur l'*Entraînement à la sorcellerie*, dit que, de son temps, des parents conduisaient leurs enfants à des pasteurs indignes qui les baptisaient au nom du diable à qui ils les consacraient. Il cite le nom d'un père qui, accompagné d'un ministre, plongea ses deux petits enfants dans une baignoire et fit les invocations nécessaires pour en faire don à Satan.

Le Maudit, qui a ensorcelé la première femme, continue son rôle; il ne se contente pas des vieilles sorcières et vient assaillir les jeunes filles et les femmes mariées. Il leur promet tout ce qu'elles désirent; les trompe audacieusement, et la possession prend un caractère tout à fait humain. Ingénieux moyen d'oublier les tourments de l'enfer! Il nous faut bien un peu parler des amours du diable, sans tout dévoiler cependant pour ne pas effaroucher nos lectrices.

Une toute jeune fille de Wurtzbourg vint se plaindre au juge, en 1628, qu'elle avait été violée par un être surnaturel, qui la forçait d'être sa maîtresse (1).

Un auteur allemand, très expert en la matière, Pott, a publié en 1689, à Iéna, un livre de révélations intitulé : *Commerce honteux avec le diable, prouvé par des exemples.*

Dautun qui, comme religieux et prédicateur, avait son entrée dans les couvents, raconte que la sœur Madeleine de la Croix a été pendant trente ans mariée en secret avec un ange tombé, et qu'ils se sont livrés à toutes sortes d'abominations. Ils ne respectaient même pas les heures d'office. Le malin faisait remplacer Madeleine au chœur par un autre démon complaisant, qui prenait absolument son costume, sa figure et sa voix (2).

Jehennon, veuve Hidoulf le Regnard, de Robach, poursuivie, au mois de juillet 1602,

(1) Diefenbach. *loc. cit.*, p. 125.
(2) D'Autun, *loc. cit.*, p. 174.

devant la justice de Saint-Dié, confesse, après avoir subi la torture :

Que sous 17 ou 18 ans, ou environ, comme elle était au lieu de Chapan, coupant bois en grande colère, par les querelles qu'elle avait avec ses voisins, il s'apparut à elle un homme habillé de rouge, qui l'arraisonna bien amiablement, lui remontra sa pauvreté et les mauvais voisins qu'elle avait, et lui donna espérance que si elle le voulait croire, le prendre pour son maître et renier Dieu, il la ferait riche et bien heureuse, et lui donnerait moyen de se venger de ses voisins. Elle, étant pauvre, et oyant parler de devenir riche, fut facilement persuadée d'incliner à cette tentation. Et de fait, tout sur-le-champ, sans prendre autre conseil, elle fit tout ce que cet homme lui suada, le prit pour son maître et renia Dieu. Et lors, il la pinça au front, lui dit qu'il s'appelait Persin, eut sa compagnie et lui donna beaucoup d'argent, qu'elle mit dedans son giron, estimant que c'était vraiment argent ; mais elle fut trompée, parce qu'elle trouva après que ce n'étaient que feuilles de chêne.

— Si, ayant sa compagnie, comme elle a dit qu'il eut, il était naturel, comme son mari ?

— A dit que non, qu'il était froid et non naturel, comme un homme.

— Lui avons demandé au bout de combien de temps son maître Persin la vint retrouver, après l'avoir ainsi abusée.

— A dit qu'au bout de quelques cinq journées, il la vint trouver, et eut de rechef sa compagnie, n'étant alors, ni toutes les autres fois qu'il a eu sa compagnie, naturel non plus que la première fois à laquelle elle le sentit fort froid (1).

Thievenne Paget avouait à Boguet qu'un diablotin l'avait approchée trois fois dans sa prison. (*Discours des sorciers*, p. 34, 35.)

Parfois, l'habile comédien, pour cacher son jeu, se montre aimable et familier. Marguerite d'Oisy et sa mère furent poursuivies comme sorcières à Valenciennes en 1619. Un diable amoureux de Marguerite, nommé *Poussé*, trottinait dans la maison et se faisait bien venir de la mère. Un jour qu'elles étaient occupées à préparer le dîner, elles virent *Poussé* caché et souriant dans un coin de la chambre, puis tout à coup le rouet se mettre de lui-même en mouvement « *et le lin se convertir en fil tellement que le bobineau s'emplissait* » (2).

Horts, dans sa *Démonomagie*, page 253,

(1) DUMONT, *Justice criminelle des duchés de Lorraine et de Bar, du Bassigny et des Trois Évêchés*, t. II, p. 35.
(2) LOUISE, *loc. cit.*, p. 22.

raconte que dans le nord de l'Allemagne le séducteur promettait aux commères de leur donner en échange d'un baiser et de quelques caresses tout ce qui est nécessaire pour le ménage : beurre, lait, œufs, etc.

Satan poussait l'audace jusqu'à se glisser dans le lit conjugal entre la femme et le mari sans que ce dernier s'en aperçût; s'il ouvrait les yeux, il était obligé, sans pouvoir faire un mouvement, de subir un supplice plus atroce que celui de Tantale.

En 1606, une information fut ouverte par le juge de Gueille, en Auvergne contre Françoise Bos, accusée de plusieurs faits de sorcellerie, et notamment « d'avoir eu accointance avec un incube un lundi pénultième du mois de janvier ».

Elle reconnaît le fait et raconte, avec des détails qu'il est impossible de reproduire, comment l'audacieux s'est introduit dans son lit pendant le sommeil à côté de son mari, les caresses qu'il lui a données et la manière dont il a assouvi sa passion. Il lui a fait ainsi plusieurs fois violence. Elle ajoute qu'elle ne s'est donnée réellement à lui qu'une seule fois; qu'elle a eu grand'peur parce que cette nuit-là son mari a failli la surprendre, et que, huit jours avant d'être arrêtée, elle a chassé l'amoureux en jetant de l'eau bénite sur son lit.

Elle était accusée, en outre, d'avoir incité ses voisines à venir coucher avec l'Esprit pour avoir pareille accointance, les assurant qu'il les mettrait à leur aise et les aiderait à marier leur fille.

Mise sur la sellette, Françoise Bos rétracta ses premiers aveux. Condamnée à être pendue, puis brûlée, elle fit appel et l'affaire fut portée devant le parlement de Paris. Sur le rapport de M. le conseiller Monthelon, la Grand'Chambre confirma la sentence à l'unanimité, par arrêt du 14 juillet 1606, en ajoutant l'amende honorable (présidence de MM. de Séguier et de Molé) (1).

Ces petites équipées, ces amours secrètes du

(1) Registres du Parlement de Paris, 1606.

diable ne sont rien à côté des scènes orgiaques du sabbat racontées dans les procédures.

Une grosse question sociale préoccupait les démonologues : Ces unions sataniques pouvaient-elles être fécondes? La terre allait-elle devenir une succursale de l'enfer?

L'opinion la plus en vogue inflige cette honte à l'humanité. Si le démon ne peut former par lui-même la chair humaine, il arrive au même résultat par des moyens sataniques. D'après d'Autun :

> Il est sans doute qu'encore que le démon, qui est un pur esprit, n'ait pas en soi le principe de la génération, il peut toutefois la procurer et transporter d'ailleurs dans un sujet capable ce qui est la cause de la fécondité, en conservant sa chaleur, et empêchant que les esprits ne se dissipent; et s'il ne le fait que rarement, c'est que son dessein n'est pas la multiplication des hommes, mais celle de leurs crimes et de leurs impuretés [1].

De Lancre est encore plus explicite. On dirait qu'il a surpris les coupables en flagrant

[1] D'Autun, *loc. cit.*, p. 174.

délit ; il approfondit le mystère et s'égare dans des détails qu'il faudrait traduire en latin (1).

Quelle effroyable postérité avec la loi de l'atavisme ! La théorie du criminel né, qui fait tant de bruit de nos jours, au lieu d'être nouvelle, ne serait donc qu'atténuée.

En Allemagne, les criminalistes et les ministres du culte admettaient aussi la paternité du diable, et la preuve était admise devant les tribunaux.

En 1652, à Hambourg, la femme Banner fut dénoncée par une nommée Julchen comme ayant eu un enfant du diable. La sorcière avait dit : « Cher petit ange, viens, je m'ennuie. » Un galant de l'autre se glissa dans son lit. De leur commerce naquit un enfant avec des cornes.

Dans la même ville, Marguerite Sommer confesse devant la justice avoir eu des relations dans une grange avec un homme noir, Jean Sahud, qui n'était autre que le diable, en avoir

(1) DE LANCRE, *loc. cit.*, p. 372.

eu un enfant qu'elle a fait bouillir pour en extraire la graisse.

En 1653, une autre sorcière, Élisa Sahl, déclare également (aveux consignés dans des pièces authentiques) qu'elle a eu des relations démoniaques. L'amant changeait de forme à chaque instant, prenait souvent celle d'un bouc et s'appelait *Nobia*. Elle n'avait qu'un signe à faire pour qu'il accourût. Elle eut avec lui plusieurs enfants. Elle dénonça vingt et un complices, dont la plupart furent comme elle condamnés au feu (1).

Les écrivains allemands parlent avec indignation de l'immoralité des habitants de Hambourg au milieu du xviie siècle, et des forfaits commis dans cette ville grâce à la sorcellerie.

Anna Beilstein avait été baptisée par un nommé Carpen au nom du diable, dont elle était devenue la servante et la maîtresse. Il lui apparaissait sous la forme d'un jeune officier

<hr>

(1) DIEFENBACH, *loc. cit.*, p. 100 et suiv.

et lui donnait de fréquents rendez-vous dans diverses maisons de la ville. Leur passion assouvie, ils concertaient avec d'autres personnes des baptêmes et des meurtres d'enfants. Anna désigna comme complices vingt-neuf habitants de Bingenhein et vingt autres des pays voisins. La plupart finirent comme elle sur le bûcher.

Rien de plus décevant que les amours du diable. Il leurre ses victimes de menteuses promesses, sans leur donner aucun plaisir. Ses maîtresses les plus favorisées n'éprouvent que de douloureuses impressions et ne reçoivent jamais un vrai cadeau. Collette d'Haultcœur, native d'Aufroipet, servante du pasteur d'Halévy, avait un désespoir d'amour, sa mère refusant de la marier. Un individu mystérieux, qui s'appelait *Beau Galant*, lui apparaît « tout de *noir accoustré* » et lui promet de la consoler. Il la marque sous l'oreille gauche, obtient ses faveurs, et lui laisse quelques pièces d'argent, qui se changent aussitôt en feuilles sèches. Quand il l'approchait, il avait toujours les mains froides et le corps glacé (1).

Même tour joué à Arnoulette Defrasne, de Valenciennes. Après avoir abusé d'elle, le débauché lui présente un chapeau rempli de pièces d'argent ; elle y plonge la main et tout disparaît.

En 1654, Henriette Paillard, de Voujau-court, dont le mari avait été emmené prisonnier, se trouvait dans la plus extrême misère. Le démon vint la visiter, lui promit une vie plus heureuse et beaucoup d'argent, et la fit céder à tous ses désirs. En la quittant, il lui remit une bourse qu'elle croyait remplie d'or ; quand elle y puisa, elle ne trouva plus que des feuilles de chêne.

En 1618, Cathin Tournier, veuve de Jean Charme d'Etobon, reçut plusieurs fois la visite du faux consolateur. Pauvre et délaissée il lui promit le bonheur, la fortune. Elle se donna à lui corps et âme et s'en repentit aussitôt. « *Il était froid comme glace.* » Avant de la quitter

(1) LOUISE, *loc. cit.*, pp. 9 et 15.

il la toucha à la hanche droite, en disant : « Tu es mienne ! » A la suite de cet attouchement, elle éprouva une sensation extrêmement douloureuse pendant huit jours. Quant à l'or qu'on avait fait briller à ses yeux, il lui fut impossible de le retrouver (1).

Plus malheureuse encore était Henriette Borne, fille de Pierre Borne, chirurgien barbier et bourgeois de Montbéliard, incarcérée le 25 août 1617 pour crime de sortilège. C'était au moment de la terrible invasion des Guises. Restée seule avec cinq enfants, dont le dernier était né le jour de l'enterrement du mari, elle était dans la plus profonde misère et pleurait jour et nuit, n'ayant pas même de pain pour ses enfants. Elle ne tarda pas à voir apparaître le tentateur. On lit dans le procès-verbal de son interrogatoire du 1er septembre :

Questant couchée en son lict au poisle hault de sa maison, environ les onze heures ou la minuict, il se présenta à elle ung homme noir, lequel luy dict que c'est qu'elle avoit qu'elle pleuroit ainsy, auquel elle

(1) Trétey, *loc. cit.*, p. 79.

fist responce qu'elle estoit tout estonnée comme elle vouloit nourrir ses enffans, veu qu'elle n'avoit point de graimes, lequel homme noir lui répliqua sur ce qu'elle ne dheust point pleurer, ni avoir soing de ses enffans, qu'il la pourvoiroict en sorte qu'elle n'aurait faulte de rien, moyennant qu'elle se donnast à luy. Sur lesquels propos elle s'enquist de luy qui 'l estoit, lequel luy fist responce qu'il estoit Sathan, duquel mot elle fust fort estonnée et néanmoings fust tellement sedhuicte par ce malin esprit que soubz l'espoir de ses promesses, elle sortist du lict, et après luy avoir réitéré les avant dictes promesses, elle se donna à luy, lequel luy fist renoncer Dieu son créateur, et le prendre pour son maistre, comme elle fist, pour heust copule avec elle, la nature duquel elle sentit froide comme un glasson; et se nomma Faoul (1).

Il lui promit de l'argent: elle l'attendit toujours.

Les démonologues du xvie et du xviie siècle font remarquer que le diable n'a jamais donné une bonne pièce de monnaie. De Lancre dit que dans les procédures qu'il a dirigées et dans celles du parlement de Paris qu'il a consultées :

(1) TRÉTEY, *loc. cit.*, p. 39 et suiv.

Il se trouve que jamais il ne donne argent qui soit de mise, ains le lendemain celuy qui l'a receu se trouve sa poche pleine d'autant de festus ou choses de néant, et autres bagatelles, ou bien ce sont des pièces falcifiées, qui ne sont ny or ny argent, ny par advanture d'aucun métail, sans croix et sans aucune lettre ny charactère (1).

Tous les éléments de la haute magie, figures de cire, conjurations, cérémonies sacrilèges étaient mis en jeu pour découvrir des trésors. Les archives de la Chambre ardente sont remplies de menées et de tentatives de ce genre. La noblesse, les gens de cour comme les gueux, couraient follement sur l'eschine de Satan à la recherche de la fortune et revenaient toujours les mains vides (2). Le plus riche démon n'était qu'un pauvre diable. Certains proverbes et dictons populaires encore en vogue y font allusion ; d'anciennes chroniques représentent Satan, à bout de ressources, allant avec ses affiliés pratiquer des fouilles

(1) DE LANCRE, *loc. cit.*, p. 390.
(2) François RAVAISSON, *Archives de la Bastille*, t. IV, V, VI.

dans les caves et les ruines des vieux châteaux pour déterrer de l'or et des bijoux. Les pans de murs s'écroulent et les travailleurs sont ensevelis sous les décombres.

On voit cependant dans un procès remarquable jugé à Vesoul au commencement du xvii° siècle, un aventurier appelé *le banquier du diable*.

C'était un Espagnol, nommé Mansfredo Dolardy, âgé de 40 ans. Associé avec son fils Fernando, âgé de 20 ans, il prêtait à usure, faisait de grosses affaires et s'occupait de sortilèges.

Un bourgeois, nommé Georges Roulet, n'avait pas la somme nécessaire pour un paiement auquel il avait été condamné. Le peu qui lui restait allait être saisi. Au moment des poursuites, il errait dans la campagne, en proie à une agitation qui le faisait ressembler à un fou. Il rencontra un homme noir de haute taille, qui lui dit :

— Eh! quoi! mon ami, vous êtes tout fasché, qu'est-ce que vous avez?

— Je le dois bien estre; je suis endebté, et je ne trouverai jamais personne qui veuille me prester.

L'inconnu lui offrit deux mille écus et lui promit de l'aider dans tous ses besoins.

— Qui es-tu? demanda Roulet.

— Je suis le diable. Je ne veux autre change de la partie que je te veux prester, sinon un cheveu de ta teste.

Roulet se recommanda à Dieu et voulut fuir; mais le diable le retint et le décida à accepter une valeur de deux mille écus. Il lui présenta un billet couvert de caractères mystérieux, qu'il devait porter chez son banquier Mansfredo Dolardy.

En revenant à Vesoul, Roulet rencontra un religieux auquel il raconta ce qui venait de se passer. Le bon Père lui demanda s'il n'avait point fait de promesse à Satan, et sur sa réponse négative, après avoir examiné le billet:

— Voilà l'escrit qu'il vous a baillé (nous reproduisons les termes de la procédure), allez où il s'adresse, et si vous pouvez avoir argent, prenez-le, il est bien faict de tromper le diable qui le peut.

Georges Roulet fut reçu comme un ami par le banquier et son fils. Ils lui offrirent une collation et allèrent se promener avec lui,

...au chasteau de Vesoul, estant tout ruyné et démoly; néanmoins ils luy firent voir une infinité de thrésors et richesses pour le séduyre; après ce, ils luy firent toucher la partie de deux mille escus par luy ci-devant demandés.

Roulet s'empressa d'aller raconter cette scène à son religieux, qui l'engagea à se tenir sur ses gardes et à se méfier des artifices de l'ennemi des hommes.

Peu de temps après, le même personnage se montre à la porte de sa maison sous l'aspect d'un sordide mendiant; refus d'aumône; querelle, le mendiant violemment repoussé est renversé. On relève un cadavre, Roulet l'enterre dans son jardin sous un amandier. Au sujet de cette aventure, dispute avec sa femme qui le dénonce. Incarcéré, menacé de la torture, il fait des aveux complets, et, pour se défendre, accuse le banquier du diable et son fils.

Tous deux sont arrêtés et poursuivis comme sorciers. De nombreux témoins sont entendus :

Quoy ouy par la justice de Vesoul, elle les renvoye à Dole pour faire leur procès, attendu que, outre ce, le peuple du dict lieu en veut extrêmement aux sorciers, car desja un jour avant les vendanges dernières, il tomba telle abondance de pierres gréleuses du ciel, que non seulement les fruits furent gastés, mais aussi les seps rompus et brisés.

Après un supplément d'information, le parlement de Dôle rendit l'arrêt suivant :

Veu par la cour le procès mené et pendant entre Mansfredo Dolardy et Fernando Dolardy, son fils, et l'accusation faicte par George Roulet, l'attestation d'un Père religieux, et du despuis les confessions volontaires des dits Mansfredo et Fernando, les conclusions du sieur procureur-général, la requeste présentée par le juge de Vesou, autre requeste tendant à élargissement, présentée par les dits Mansfredo père et fils, la Cour, ayant tout veu et considéré, les a condamnés et condamne à faire amende honorable devant la grande Église de Vesou, et de là estre rendus à la place de la justice ordinaire, pour estre attachez sus un buchet dressé expres par l'exécuteur de la haute justice, et là bruslés jusque à ce que leur corps soi mis en cendres.

Donné au Parlement, le 6 février 1610,

LANSIOT, greffier (1).

D'après une légende, propagée par Olaüs, et Valderama, dans son histoire générale, admise au XVII° siècle par de Lancre et d'autres auteurs, il existait dans les mines une troupe de démons, qu'on appelait : *Démons des richesses*, bien qu'ils n'eussent jamais enrichi personne. Leur rôle était d'effrayer les mineurs par les bruits et les apparitions, de les irriter contre la société et contre Dieu, de causer des accidents et des morts par des vapeurs malfaisantes, des écroulements et des chutes.

Un de ces esprits, nommé Schenergio, apparut un jour dans une galerie, vêtu d'une robe noire; il prit un ouvrier sur ses épaules, l'enleva jusqu'à l'orifice du puits et, le laissant retomber, lui rompit tous les membres (2).

Le diable a fait des progrès : aujourd'hui

(1) Bibliothèque nationale de Paris. L. K. ƒ. 10331.
(2) DE LANCRE, *loc. cit.*, pp. 388, 389.

c'est un chef et un inspirateur. Il crée et dirige les plus grandes entreprises financières ; il y intéresse les plus hauts personnages, entasse des millions avec des papiers sans valeur, élève ou détruit en un instant d'immenses fortunes. Un pacte fait avec lui rapporte des honneurs, des charges publiques, et fait d'un mythe une puissance dans l'État.

A l'époque la plus brillante de son règne, le tyran est aussi cruel que perfide et menteur. Ses sujets ne trouvent en lui qu'un persécuteur et un ennemi. La possession, si souvent décrite et connue dans tous ses effets, est une malédiction et un supplice. Le maître prend plaisir à torturer tous ceux qui sont à lui. Personne n'est épargné. Il martyrise les enfants, les femmes, les vieillards, jusqu'aux prisonniers, qui souffrent pour sa cause.

Dans les procédures une foule d'enfants, entendus comme accusés ou comme témoins, se plaignent d'avoir été cruellement fouettés par Satan. Il les bat dans la maison, aux champs, au sabbat, partout, sans pitié. Les juges constatent eux-mêmes les contusions et les blessures et soumettent le cas aux chirurgiens qui dressent procès-verbal.

Même brutalité au couvent. La sœur du Saint-Sacrement des filles de Sainte-Élisabeth écrit dans un mémoire, déjà cité :

Un jour se posa une masse pesante sur mes épaules, qui pensa m'étouffer. Je me traînai comme je pus vers la chambre de la Mère, et je sentis cette masse tomber avec un grand bruit. A cet instant, je fus moi-même précipitée et blessée, jetant le sang par le nez et par la bouche.

Souvent ce démon la frappait, l'enlevait à deux pieds de terre et la mordait cruellement.

En 1606, Jeanne Dobley, femme de Jean Vogel, fait appel, devant le bailliage d'Amont, siégeant à Vesoul, d'une sentence de mort prononcée contre elle par le procureur d'office de la seigneurie de Port-sur-Saône. La sentence est confirmée. Parmi les chefs d'accusation sont relevés les mauvais traitements et les brutalités de celui à qui elle s'est donnée et de ses complices :

Avoir esté visitée environ dix heures de nuict, du vendredi, vingt-cinquième jour du mois d'aoust mil six cent et six, estant es prisons du château, par desmons et diables qui la battaient, urlant d'une voix espouvantable sy comme il semblait avoir un toureau que l'on estranglait. — Soit environ six ans, à certain jour de dymenche, environ le midy, avoir esté aussi tourmentée par certains desmons estant la dite défenderesse es paquis et proche un jardin appartenant à Pierre Vosget, de Saint-Vallery, s'en allant au lieu de Maigny, laquelle parlait incessamment avec une voix fort espouvantable, levant ses yeux et bras en haut par plusieurs fois, se tourmentant fort et faisait tout ainsi que fait une personne qui reçoit des coups de bastons, encore que pour lors il n'y heust personne auprès d'elle (1).

Devant le même bailliage, en 1609, comparaît sur appel une autre sorcière, Adrienne Perrin, condamnée au dernier supplice par le juge de la seigneurie de Genevreuille. Elle avait adoré le diable et s'était livrée à lui dans une foule de rencontres. Quelle est sa récompense? Après une nouvelle information et la

(1) J. Fixot, *Bulletin de la Société d'agriculture, sciences et arts du département de la Haute-Saône*, 1873, p 22. — Archives départementales de la Haute-Saône. B. 5048.

visite de deux chirurgiens qui lui enfoncent de longues aiguilles dans les chairs pour rechercher la marque du diable, elle confesse

...avoir esté après la dite visite grandement battue et oultragée par son démon (appelé Gribouchet) qu'elle en eust tout le corps meurtri et mutilé (1).

Une petite brochure très rare, imprimée à Paris chez Antoine Vitray en 1623, porte ce titre : « Discours admirable d'un magicien de la ville des moulins, qui avait un démon dans une fiole, condamné d'être bruslé vif par arrest du parlement. »

Ce magicien, nommé Michel, menuisier à Moulin, accusé de maléfices, fut incarcéré le 14 juin 1623. Le lendemain matin, le concierge de la prison alla trouver le lieutenant criminel et lui dit que l'accusé toute la nuit avait été battu et maltraité; qu'il s'agitait et poussait des cris épouvantables comme si on l'avait étranglé. Le magistrat se fit ouvrir le cachot et trouva le prisonnier

(1) Archives départementales de la Haute-Saône. B. 3049.

...le visage gros et enflé et livide comme de quelque
tumeur, les yeux fermez et se plaignant, sans pouvoir
cognoistre le dit sieur lieutenant qui le questionna
deux ou trois fois ; mais enfin, ayant repris ses esprits,
il le recogneut et luy réitéra ses plaintes, luy disant
qu'il avait été battu par quelqu'un qui luy avait voulu
faire renier Dieu et son baptesme, quoy que cet abominable eust déjà renié Dieu, que le diable l'avait
non seulement battu, traîné par les bras et par les
jambes, mais qu'il luy avait mis les pieds dans un trou
qui estoit au dit cachot, le menaçant de le précipiter,
s'il ne faisait le renégat.

Nous ne voulons pas multiplier ces citations,
ni faire un trop facile réquisitoire contre
l'éternel ennemi ; mais on se demande, à côté
des aberrations connues, quel charme et quel
intérêt pouvaient pousser tant de malheureux,
des familles, des populations entières à se
courber, à s'anéantir devant un pareil tyran !

CHAPITRE III

POUVOIR ET AGISSEMENTS DES SORCIERS

Hiérarchie. — Invisibilité. — Don des langues. — Anesthésie. — Associations démoniaques. — *Histoire tragique
de Trois magiciens* — Maléfices du cardinal Mazarin. —
Transmission des démons. — Enfants. — Les deux fiancés
du diable. — Maisons hantées par les esprits. — Le diable
Mammona. — Transformations. — Lycanthropie. — Les
médecins, les magistrats et les loups. — Maléfices sur les
récoltes, les animaux et les hommes. — Histoire authentique
de *Bras-de-fer*. — Ensorcellement par le souffle, le regard
la parole, la nourriture, l'attouchement. — Maladie extraordinaire. — Art et pratique du désensorcellement. — Les
artistes en sorcellerie. — Noueurs d'aiguillette. — Charmes
et philtres d'amour, poudres, billets cabalistiques, figures de
cire. — Les messes noires, sacrifices d'enfants, conjurations
et cérémonies sacrilèges. — Guibourg et Madame de Montespan. — L'envoûtement : les trois Sorcières de Saint-Germain des Prés, le gant mortel.

La puissance démoniaque peut se déléguer :
l'homme devient l'image de Satan. Les pou-

voirs de l'initié dépendent du grade hiérarchique et de l'autorité de l'esprit qui le dirige.

Certains sorciers peuvent, comme les démons, se rendre invisibles. Un paysan de Clerval se croyait ensorcelé par Claudine Burgeard ; l'ayant aperçue dans la campagne, il se met à sa poursuite pour lui infliger une correction; au moment où il croit la saisir, elle disparaît, et se montre à sept cents pas plus loin, ricanant et se moquant de lui (1).

Quelques privilégiés ont reçu le don des langues et la faculté de double vue.

Dans la Suisse romande, en 1615, la femme Henri Chalande, vieille sorcière qui ne connaissait que le patois de son pays, étant entrée dans une maison pour y jeter un sort, fut interpellée en allemand et répondit dans cette langue. Le juge, devant lequel elle fut conduite, renouvela l'expérience ; elle répondit si bien qu'il n'osa la poursuivre (2).

D'autres sorciers sont invulnérables, si l'on

(1) TUETEY, *loc. cit.*, p. 85.
(2) Dr LADAME, *Étrennes chrétiennes*. Genève, 1892.

en croit un savant démonographe du xviiie siècle, qui a voulu garder l'anonyme. Il affirme que, parmi les possédés d'Avignon et ceux de Bulli, près de Rouen :

Il y a un homme de cinquante ans qui prend un chenet tout rouge, le met à sa bouche, le mord et y imprime ses dents sans se brûler, que les filles se mettent deux l'une sur l'autre au travers d'un grand feu, sans que leurs habits ni elles en soient en rien endommagés ; que les enfants de six ans, comme les plus âgés, prennent le feu dans leurs mains et dans leurs habits, sans en être brûlés, que ces affligés mordent dans le verre comme dans une pomme, mangent les cailloux appelés en Normandie *bizets*, le grès et les pierres, qu'ils montent à des lieux inaccessibles, se précipitent en bas au vu de toute une paroisse, sans se faire de mal, qu'ils se tiennent le corps en l'air, les pieds seulement appuyés contre la muraille, qu'ils ont des agitations à faire perdre haleine à tous autres, sans aucune émotion dans le pouls, etc. (1).

Nous avons déjà constaté que les parties du corps marquées par la griffe du diable restent insensibles, même au milieu de la torture,

___

(1) *Traité sur la magie, le sortilège, les possessions, obsessions et maléfices*, par M. D... Paris, Pierre Prault, 1732.

et sous les coups d'aiguilles des chirurgiens et des bourreaux.

Un sorcier peut nuire à un autre sorcier moins habile ou moins protégé. Sprenger raconte qu'une vieille sorcière en fit mourir une autre plus jeune, pour guérir un évêque que celle-ci avait rendu malade.

L'union peut remédier à cette inégalité. L'histoire intime de la sorcellerie fait connaître les plus étranges associations. Qui soupçonnait le cardinal Mazarin d'avoir été le compagnon et le complice de trois bandits siciliens, ses compatriotes, vendus au diable? Le fait est affirmé dans une brochure intitulée : *Histoire tragique de trois magiciens*, qui ont accusé, à la mort, Mazarin, en Italie, par D.-R. Drazor (Champenois). Paris, François Musnier, 1649.

L'auteur commence par peindre d'un trait vigoureux les mœurs italiennes :

Ce climat funeste d'Italie est maintenant odieux et répugnable à la société; qu'autrefois il a esté recommandable à produire des hommes héroïques, maintenant il semble que les plus généreux n'ont pas une occupation plus glorieuse que celle de tirannie, d'usurpation, surprises, blasphèmes et brigandages, suivis de magie, sorcellerie, devinement et sortilèges comme se recognaist en cette histoire tragique...

Les trois magiciens, Moleh, âgé de 40 ans, et deux autres plus jeunes, accusés de crimes horribles, furent :

Condamnez à faire amende honorable, puis, le poin coupé, menez a lieu patibulaire, et là, sulphurez et attachez à un poteau, brûlez vif, leurs cendres jetées au vent.

Avant d'être conduits au supplice ils se décidèrent à faire des aveux complets :

A confesser leurs maléfices, leurs adhérants et complices au milieu des quels se trouve Mazarin, asseurer à la mort qu'il avait assisté à leurs cérémonies diaboliques, et que le Démon luy avait accordé, paraphé beaucoup de choses artificieuses d'invention et d'artifice ; qu'ils avaient fait ensemble un serment solennel devant le bouc infernal, de ne s'accuser l'un l'autre estant du même lieu, et semble que dès lors qu'ils eurent fait pacte et fait union de volonté qu'ils avaient consultez les furies d'Enfer pour perdre les uns, gaigner les autres, et establir leur fortune aux débris de celle des autres et que ce mode d'amitié devait être aussi indissoluble que celui de Gordian.

Si ce récit de Drazor (le Champenois), dont la véracité ne peut être aujourd'hui vérifiée, n'est qu'un pamphlet ou, comme on disait alors, une *Mazarinade*, les associations démoniaques se retrouvent dans d'autres procédures plus authentiques.

Nous en verrons bientôt un exemple dans l'histoire dramatique de *Bras-de-fer*, un vrai sorcier découvert et signalé par la haute police de Louis XIV.

On peut communiquer des démons, et le corps maléficié devient leur domaine. L'âge, la qualité, rien n'y fait obstacle.

Jacques Borguet (qu'il ne faut pas confondre avec Boguet qui relate ce fait dans son *Discours des sorciers*, p. 9); Jacques Borguet, inventeur de nouveaux sortilèges, « bailla deux diables à Rollande du Vernois, qui était déjà sorcière ».

Les parents tremblaient avec raison pour leurs enfants. En 1616, Marie Carlier, de Préseau, déjà sorcière à 15 ans, avait vu une petite fille battre son frère; pour la punir, elle pria son diable *Joli* d'entrer dans le corps de cette enfant. *Joli* accepte, se fait aussi petit qu'un moucheron, et pénètre par la bouche dans le corps de la malheureuse petite fille (1).

Dans un procès jugé à Genève, Louyse de la Ravine, âgée de 35 ans, dépose le 21 décembre 1635 :

Qu'il y a environ quinze jours qu'ayant envoyé achepter pour deux quarts de poivre chez la Clauda (soupçonnée de sorcellerie) par une sienne fille nommée Andrée, âgée d'environ sept ans, après qu'elle lui eust baillé ledit poivre, elle luy donna encore deux chastaignes et le rapporta à sa mère. Et incontinent, le même jour, il luy vint des tremblements et convulsions, se plaignant à sa dite mère de douleurs qu'elle sentoit soubs les ongles, qui la contraignoyent de faire des actions fort estranges, comme d'hurler et aboyer, comme les chiens, ce qu'elle a continué jusqu'à sabmedy dernier, que les démons ont parlé dans son corps, se disant estre vingt, disoyent-ils, il y en avoit dix de bons compagnons. Quelques-uns desquels disoyent leurs noms, comme Jacotin, Arbin, Caselin et divers autres

(1) LOUISE, *loc. cit.*, p. 19.

noms, et tourmentoyent fort ladite fille la faisant débastre... (1).

Inutile de dire qu'on ne s'arrêtait pas aux enfants. A Cahors en 1661, fut jugé un de ces procès palpitants, que nous appelons aujourd'hui *affaire passionnelle*. C'est tout un roman, dont le récit complet nous prendrait trop de place. Deux fiancés, un jeune homme de 30 ans et une fort jolie fille de 20 ans, qui s'aiment comme Roméo et Juliette, sur le point de s'unir. Intrigues et complot d'un traître, nommé Darsinole, rupture du projet de mariage, toutes les espérances brisées; désespoir et folie des jeunes gens, récriminations violentes, menaces à l'adresse du persécuteur. Darsinole, soutenu par plusieurs témoins, les accuse de lui avoir envoyé six démons dans une pomme. On les appelle les *Fiancés du diable*. Arrêtés, mis à la torture, malgré leurs protestations d'innocence, ils sont condamnés à être pendus puis brûlés. On lit dans le procès-verbal d'exé-

(1) Dr P. LADAME, *Les possédés et les démoniaques à Genève au XVIIe siècle*. (Étrennes chrétiennes, 1892, p. 169.)

cution que la corde à laquelle était suspendue la jeune fille s'étant rompue, elle fut étranglée au pied du bûcher, puis jetée dans les flammes (1).

Les couvents n'étaient pas à l'abri de ces transmissions démoniaques. La supérieure des religieuses de Loudun avait en elle six démons qu'elle attribuait aux maléfices du prêtre Urbain Grandier, et dont elle donnait les noms. On lit dans un des interrogatoires, cité par l'arrêtiste Besdel, et qui semble avoir été fait plutôt par un exorciste que par un juge :

Demande. — Par quelle raison es-tu entré dans le corps de cette fille?

Réponse. — Par principe d'animosité.

D. — Par quel pacte?

R. — Par fleurs.

D. — Quelles fleurs?

R. — Roses.

D. — Qui vous les a envoyées?

R. — Urbain.

D. — Dites son surnom.

R. — Grandier.

(1) *Histoire manuscrite de Guerey*, par GUILLAUME DE MALLEVILLE. Bibliothèque de la ville de Grenoble. (Ancien n° 2997.)

D. — Dites sa qualité.

R. — Prêtre.

D. — De quelle église ?

R. — Saint-Pierre.

D. — Quelle est la personne qui a offert ces fleurs ?

R. — Diabolique, etc.

La réalité de ces prodiges était admise encore au XVIIIᵉ siècle. La supérieure d'un couvent de Würtzbourg, entrée dans l'ordre pour obéir à ses parents, était accusée d'être possédée et d'avoir fait passer les démons qui la tourmentaient dans le corps de plusieurs religieuses. C'étaient jour et nuit des plaintes, des vociférations, des bruits soudains d'ustensiles brisés, une agitation épouvantable. On attribuait ce désordre aux maléfices de la supérieure qu'un mauvais ange avait séduite dans sa jeunesse sous la forme d'un élégant officier. Après une longue information, elle fut dégradée, livrée au bras séculier qui la condamna à mort, et exécutée le 21 juin 1749 (1).

Rien de plus fréquent dans les procédures

(1) DIEFENBACH, *loc. cit.*, p. 128.

criminelles que ces faits de possession démoniaque attribués à l'influence et aux manœuvres des sorciers. C'est l'initiation suggestive dans toute sa force, qui dédouble la personnalité du sujet. On voit que les élèves de Satan avaient devancé les hypnotiseurs de nos jours.

Ils s'amusaient aussi à troubler la paix des maisons par l'envoi de diablotins tapageurs. Le pasteur François Perreaud, dans son *Traité de la Démonologie*, dit que la plupart des habitations sont hantées par les esprits, et dans une plaquette fort curieuse, jointe à ce livre, il raconte avec détails comment les démons ont, au mois de septembre 1612, envahi sa demeure à Mâcon, affolé sa femme et sa fille en son absence. Un peu plus tard, il fut témoin de faits semblables dans l'hôtel de M. Favre, premier président de Chambéry. Le soir et la nuit, dans les greniers et dans une chambre écartée, voix et bruits étranges, sans aucune apparition, roulement sur le plancher et paroles humaines très distinctes. Épouvante dans la famille ; un valet est soupçonné d'être sorcier et d'avoir appelé les démons. Avant de l'envoyer à la potence, M. Favre, éminent magistrat, admiré dans son siècle pour l'élévation du caractère et l'étendue de sa science juridique, appela des savants et des amis pour constater l'ensorcellement de sa maison. Perreaud entendit l'esprit parler, crier et chanter :

Il dit entre autres qu'il venait de Mascon et avait passé en Bresse, et vu tel et tel de ses parents et plusieurs autres choses. Criait tout haut qu'on fît des préparatifs de viandes, comme de coqs d'Inde, perdrix, levrauts, etc., pour la venue de son maître. Il chanta en même temps plusieurs chansons profanes et lascives, notamment celle qu'on appelle le *filou*. Il contrefaisait la voix des charlatans et des joueurs de passe-passe et surtout celle des chauffeurs, criant aussi tout hautement : « Ho ! levrier, ho ! levrier ! »

Il s'avisa peu après d'une autre ruse qui lui était assez ordinaire, de nous tenter par l'avidité d'argent ; à raison de quoi le Diable est appelé *Mammona*, disant et soutenant qu'il y avait six mille écus cachés dans cette maison, et que si quelqu'un de nous voulait aller avec lui et le suivre, qu'il montrerait l'endroit où ils étaient cachés. Mais je puis dire en bonne conscience devant Dieu et ses saints Anges, que je ne les ai jamais cherchés, ni fait chercher, ni seulement permis d'en faire la moindre recherche et même n'en ai eu jamais la volonté pour mon regard. Il nous voulut encore éprouver par la curiosité, disant que si nous désirions de le voir en quelque forme corporelle, comme d'homme, de femme, de lion, d'ours, de chien, de chat, etc., qu'il nous en donnerait le contentement; ce que nous rejetâmes bien loin, lui disant que tant s'en faut que nous le voulussions voir en aucune de ces formes ni autrement, qu'au contraire nous désirions bien, si c'était le bon plaisir de Dieu, de ne l'entendre aucunement. Mais que nous espérions que le Seigneur nous délivrerait bientôt de toutes ses tentations (1).

Philibert Lerueau, curé de Brasé, fut brûlé à Autun, le 17 avril 1624, par arrêt du parlement de Dijon, pour avoir par ses agissements augmenté le trouble apporté « *par ses démons et malins esprits dans la maison du sieur de Brandon* » (2).

Le parlement de Bordeaux, dans un arrêt solennel, a décidé que le trouble apporté dans une

(1) *L'antidémon de Mascon, ou histoire particulière et très véritable de ce qu'un démon a fait et dit à Mascon*, il y a quelques années, dans la maison du sieur Perraud, résident pour lors en ladite ville. Opposée à plusieurs faussetés qui en ont couru, p. 3 et 28. Genève, in-12, 1657.

(2) Fr. PERREAUD, *Démonologie ou traité des démons et sorciers de leur puissance et leur impuissance*, p. 189.

maison par l'occupation des esprits est un motif suffisant pour obtenir la résiliation du bail.

Les suppôts de Satan peuvent, à l'exemple de leur maître, aidés par lui, se transformer en bête, en chat, en loup.

Devant le bailliage de Vivarais, séant à Villeneuve-de-Berg, comparaissait une habile sorcière, qui, d'après ses propres aveux, s'introduisait la nuit dans les maisons sous forme de chat pour y ravir des enfants. Condamnée à être brûlée, elle fut exécutée le jour même, le 7 avril 1656 (1).

La forme du loup est la plus habituelle. La lycanthropie est sérieusement discutée par les criminalistes et les médecins et presque tous, encore au XVII° siècle, se rallient à la superstition populaire.

Sennert (Daniel) dit que certains lycanthrophes paraissent posséder en réalité la forme d'un loup, parce que le diable les couvre d'une sorte de mannequin qui trompe

______

(1) C'est l'année où paraissent les *Lettres provinciales.*

les plus clairvoyants. Il ajoute que les lycanthropes ainsi travestis tuent des animaux, mettent leur chair en pièces et la dévorent toute pantelante à la façon des loups (1).

Plus intéressantes encore sont les observations du Dr Nynauld dans son livre : *De la lycanthropie*, dédié, en 1615, au cardinal du Perron, archevêque de Sens.

Il combat la théorie de Bodin, qui, dans sa *Démonomanie* (liv. II, ch. 6), soutient que la transformation d'hommes ou bêtes peut être réelle et matérielle; mais avec des atténuations qui permettent d'apprécier les fantaisies de la science médicale à cette époque.

D'après lui, l'apparition des sorcières en loups provient d'une double illusion produite dans les esprits par les artifices du diable : Illusion des spectateurs, persuasion de la sorcière qu'elle est réellement transformée en loup, après s'être frottée de certains onguents

(1) SENNERT (Daniel). *Omnia opera*. Ouvrages imprimés à Venise en 1640, en 3 volumes in-folio, et réimprimés en 1776, à Lyon, en 6 volumes in-folio.

fournis par le diable, hallucination qui lui donne le désir invincible de courir à travers champs.

Quant aux onguens, ils peuvent estre composez de certaines choses prises d'un crapaut, d'un serpent, d'un hérisson, d'un loup, d'un renard et du sang humain, etc., meslées avec herbes, racines et autres choses semblables qui ont vertu de troubler et décevoir l'imaginative. Car, comme l'ay dit cy devant, le diable dispose toujours les sorcières par quelques choses prises intérieurement, ou bien appliquées à l'extérieur, afin qu'ayant l'esprit et les sens troubles par les figures de tels animaux, elles croyent en prendre la forme en vertu de telles choses, comme leur Diable leur a persuadé, quoy croyans, elles sont appareillées, et faites d'organes idoines au malin Esprit, pour entrer en elles, afin de parfaire sa meschante volonté et les confirmer en erreur, en contrefaisant les mesmes choses que les bestes ont, desquelles elles ont emprunté la forme, comme pour exemple, si elles sont souhs la forme d'un loup, elles courent par les bois, se ruent sur les bestes, et le plus souvent sur les hommes desarmez et enfants qu'elles ravissent et dévorent, comme j'en monstrerai un exemple du rapt d'un enfant qui fut faict, l'an 1604, à un village nommé Cressi, distant d'une lieue de la cité de Lausane, duquel l'histoire est telle que s'ensuit :

Un villageois battant du bled en sa grange, estoit fort importuné par un sien petit enfant qui lui demandait à boire, de quoy le père ne tenant compte pour l'affection qu'il avoit à son œuvre, le petit enfant fut occasionné d'inster de plus fort et à demander à boire avec pleurs et cris. Ce que voyant, fut irrité et menaça l'enfant, de quoy ne se souciant, mais au contraire augmentant ses pleurs et ses cris, enfin le père tout bouffi de couroux luy dit en ces propres mots : « *La diable te beue!* c'est-à-dire le diable te boive! » Ce prononcé, il se passa encore quelques jours avant que l'exécution s'en fist, laquelle toutes fois ne retarda que jusques au vendredy suivant, car le jeudy au soir la Synagogue des Sorcières estant tenue selon leur coutume, le Diable par une juste punition et permission de Dieu (lequel comme l'ay dit ci-dessus ne laisse si énormes péchez impunis) disposa cinq sorcières ausquelles il avoit communiqué son dessein par tels onguens, lesquelles soubs sa conduit et soubs la forme de loup ravirent en plein jour l'enfant, lequel pour lors estoit sur le seuil de la porte, l'emportèrent au lieu où leurs complices les attendaient, où, arrivées, elles reprindrent la forme de femmes et le Diable, en présence de toutes, succea tout le sang de cet enfant par le gros doigt du pied, puis descoupèrent le corps en pièces pour le faire bouillir dans un chauderon, duquel elles en mangèrent une partie, et de l'autre en composèrent leurs onguens avec autres choses, comme du depuis toutes cinq

9

l'ont confessé, estant appréhendées par la justice et menées à Lausane, où je les ay veu brusler et faire leur procez.

Après cet exemple, Nynauld répond à certaines objections et résume ainsi son système :

L'illusion de ceux qui regardent tels monstres n'est qu'extérieure, et est causée par un seul sens, assavoir par les yeux. L'illusion et impression des Sorcières est beaucoup plus grande, d'autant que tous leurs sens sont trompez, tant intérieurs qu'extérieurs, et ce par un autre moyen que ne sont trompez les yeux des spectateurs, car premièrement leurs sens intérieurs sont trompez de violentes impressions d'une vaine figure, et sont mesmes poussez de furie que leur excitent naturellement tels onguens ou potions, de sorte elles croyent estre vrayement bestes, et à ceste cause ayant le ventre tourné contre terre à la façon des bestes, marchent à quatre, se servant des mains au lieu de pieds de devant; finalement estant ainsi disposées, le Diable les entourne d'air espaissi qui représente extérieurement à tous les spectateurs la forme d'un loup et emporte ainsi la Sorcière soubs cette forme par monts et vaux, car les hommes ne peuvent voir le Diable que soubs quelque forme corporelle, ou phantosme (1).

(1) J. DE NYNAULD, docteur en médecine. *De la lycanthropie, transformation et extase des sorciers.* Paris, Nicolas Rousset, 1615, p. 49 et suiv. et p. 55.

L'explication donnée par Boguet dans son *Discours des Sorciers* est beaucoup plus simple (p. 120, 121). Le gros Jacques Bocguet, Françoise Janguillaume, Clauda Janprost, Thievenne Paget, Pierre Gandillon et Georges Gandillon lui ont déclaré que :

Pour se mettre en loup, ils se frottayent premièrement d'une gresse, et puis Satan leur affublait une peau de loup, qui les couvrait par tout le corps, ce faict, ils se mettaient à quatre et courayent parmi les champs, tantost après une personne et tantost après une beste, selon qu'ils étaient guidez par leur appétit.

Beaucoup d'enfants et de jeunes gens parcouraient les campagnes ainsi travestis. Même au XVII° siècle, les procédures révèlent de nombreux actes de lycanthropie punis de la peine capitale. En 1603, un loup-garou, qui avait effrayé les environs de Grenoble, fut condamné à mort par le parlement.

Nous avons eu, dit de Lancre, au parlement de Bordeaux, entre autres, deux notables premiers présidents, les sieurs d'Affis et de Nesmond; chacun desquels a prononcé un arrest solennel et grandement curieux, l'un d'un Lycantrope, et l'autre des Esprits qui infectent les maisons. Ce sont des arrests généraux qui doyvent servir de loy en province où ils sont prononcez, qui faict qu'on peut justement soutenir qu'ils sont donnez avec très meure délibération, et beaucoup plus élabourez que les autres arrests qui se donnent tous les jours sur des occurrences ordinaires. Si bien qu'en ceux-cy la rareté du fait et la nouveauté les font et admirables et recommandables tout ensemble. Or ledit sieur d'Affis, dans son arrest du Lycantrope, dit que, nonobstant le canon *Episcopi* attribué au concile d'Ancyre, qui ne se trouve, dit-il, en l'archétype grec, le transport des Sorciers est véritable et réel, et qu'il n'en faut aucunement douter (1).

La première affaire à laquelle fait allusion De Lancre, est le procès Jean Grenier, qui eut du retentissement dans toute la France. Nous n'en donnerons qu'une rapide analyse pour ne pas nous attarder au milieu des loups.

En 1603, un jeune garçon de treize à quatorze ans, Jean Grenier, serviteur de Pierre Combaut du village de Paulot, paroisse de l'Esparon, est accusé par trois témoins de cou-

(1) DE LANCRE, *l'Incrédulité et méccréance du sortilège pleinement convaincue*, p. 533.

rir à travers champs sous la forme d'un loup ; d'avoir dévoré deux ou trois enfants, et de s'être jeté un jour, la gueule béante, les yeux flamboyants, sur la jeune Marguerite Poirier, qu'il eût croquée à belles dents, si elle n'eût appelé au secours et ne se fût défendue à coups de bâton. Emprisonnement du jeune sorcier, demi-aveux, condamnation à mort prononcée par le premier juge. Appel devant le parlement de Bordeaux, audience solennelle en robe rouge. Le secret des délibérations n'était pas à cette époque observé comme aujourd'hui. Les arrêtistes de temps à autre font connaître les discussions qui ont précédé l'arrêt et les avis qui ont prévalu. Quelques conseillers un peu sceptiques doutaient de la culpabilité du jeune accusé, et se montraient disposés à ne voir en lui qu'un idiot irresponsable ; d'autres hésitaient à le condamner à cause de son air chétif et misérable.

Le président prit la parole. Il réfuta l'opinion qui dénie aux sorciers la faculté de se changer en loup ; il rappela les crimes commis par certains lycanthropes justement condamnés ; mais il reconnut que Jean Grenier était un pauvre être ignorant et déshérité pour lequel il convenait de ne pas épuiser les rigueurs de la loi ; il dit qu'à le voir, on lui donnerait à peine huit ans, et qu'il ne fallait pas désespérer de son salut. La cour « le condamna à être mis et renfermé dans un des couvents de Bordeaux pour servir le couvent sa vie durant ; il lui est fait inhibition et défense de partir à peine d'être pendu et étranglé ».

Beaucoup d'histoires semblables pourraient être puisées dans les procédures et racontées le soir, au coin du feu, dans l'intimité, mais serait-ce bien prudent? La légende des loups-garous n'est pas morte dans les campagnes et si les anciennes lois n'avaient pas été brûlées avec le dernier sorcier, il y aurait encore des témoins et des victimes de ces tours diaboliques.

Les sorciers ont d'autres pouvoirs occultes dont ils usent plus fréquemment. Ils peuvent commander aux éléments, agir sur les animaux, disposer de la fortune, de la santé et de la vie des hommes.

L'ennemi du genre humain leur ordonne de faire le plus de mal possible.

Détruire les récoltes par la gelée, la grêle ou d'autres moyens, est un jeu ; mais les paysans sont prévenus, la justice veille et se montre impitoyable.

En 1607, est brûlée, à Dôle, Catherine Gaillard, accusée et convaincue d'avoir, en *pissant dans un trou*, composé une nuée de grêle qui ravagea le Grand-Vaud, village du Jura (1).

Un sorcier d'Olivet, Névillon, vieillard de 77 ans, exécuté en 1615, à Orléans, convertissait l'eau en grêle en la fouettant avec une certaine baguette (2).

Cathin Tournier confesse au juge de Clerval en 1618, que, lorsqu'elle se rendait à la « Goutte Benoist », près d'une fontaine où se réunissaient les gens d'Etobon et des villages

(1) *L'Hermite en province*, par DE JOUY, de l'Académie française, t. X, p. 286, 287. Paris, Pillet aîné, 1826, in-12.
(2) CHASE, *Questions notables*.

voisins, les esprits, leurs maîtres, les forçaient de battre l'eau avec des bâtons blancs, en prononçant ces mots : « Gresle, tombe sur les bois. » Alors se formait dans l'air une sorte de vapeur ou fumée qui retombait en forme de grêle (1).

Collette Haultcœur, arrêtée et jugée à Valenciennes (1615-1616), s'est servie de feuilles d'arbre ensorcelées pour faire *des bruines*, enlever à la terre les principes de toute végétation, l'humidité et la chaleur, ou bien transporter les moissons d'un champ dans un autre (2).

Une autre sorcière de Valenciennes, Marguerite Doisy, détenue pendant trois ans, du 17 mars 1619 à la fin de 1622, avait reçu de son amoureux, le diable *Poussé*, trois sortes de poudre pour agir sur les plantes et sur les arbres, de la grise pour les romarins, de la noire pour les vignes, de la blanche pour les pruniers.

(1) TUETEY, *loc. cit.*, p. 92.
(2) LOUISE, *loc. cit.*, pp. 21, 22.

Claudine Oudot fut livrée aux flammes à Vesoul, en 1626, pour avoir provoqué des orages, aidée par des complices.

Disant les dites sorcières qu'elles s'estaient assemblées pour faire perdre les biens de la terre, et de fait incontinent après et à mesure que la dite deffenderesse fut retournée en sa maison, le tamps s'estant troublé, les tonnerres et éclairs suyvis de grêle et pluye se mirent en campagne avec un orage guère moins impétueux que le précédent (dont il est question dans un interrogatoire de la veille), lequel la dicte deffenderesse a confessé avoir esté procuré et excité en ladite assemblée (1).

Certaines régions étaient plus éprouvées que les autres. On lit dans la préface de l'ouvrage de Jacques d'Autun, *l'Incrédulité ignorante :*

Ce fut l'an 1644 que la plupart des bourgs et villages de Bourgogne se trouvèrent dans une telle consternation, par le bruit qui s'estait répandu que les sorciers restaient la cause des altérations de l'air, que c'estaient eux qui, par des maléfices avaient fait périr les bleds par la gresle et les vignes par la gelée, qu'il n'y avait plus de seureté publique pour les plus innocents; chacun d'une autorité privée usurpait les droits de la

(1) Archives départementales de la Haute-Saône. B.5051.

9.

justice; les moindres païsans s'érigeaient en magistrats, leurs fantaisies et leurs chimères estaient reçues
comme des oracles quand ils accusaient de maléfices,
sans faire réflexion qu'ils confondaient dans les mêmes
personnes les différentes conditions de témoins et de
juges : ils bannissaient toutes les formalitez...

Plus loin, l'auteur décrit un orage infernal
qui a terrorisé le pays :

Le 11 juin 1668, vers les trois heures après midy
s'éleva un tourbillon de vent si impétueux, qu'il des-
racinait les arbres, et faisait trembler les maisons aux
environs de Largon; ce furieux orage semblait devoir
s'apaiser par une pluie assez médiocre, laquelle peu
après fut meslée de gresle grosse comme des œufs de
poule, et ce qui fit l'admiration des curieux qui en
firent ramasser plusieurs pièces, est qu'elles estaient
hérissées et pointues comme si à dessein on les eût travaillées pour leur donner cette figure; d'autres ressemblaient parfaitement à de gros limaçons avecque leur
coquille, la teste, le col et les cornes dehors; l'on
voyait en d'autres des grenouilles ou des crapauds si
bien taillés, que l'on eût dit qu'un sculpteur s'estait
appliqué à les façonner; mais ce qui surprit davantage
en ce spectacle d'horreur, est que cette gresle changeait de figure selon la différence des insectes que le
démon probablement voulait représenter, car l'on vit

gresler des serpents, ou de la gresle en forme de serpens de la longueur d'un demy-pied (1).

Cette grêle fut considérée comme un maléfice. On rechercha les coupables; l'auteur ne dit pas s'ils furent découverts.

En Allemagne, surtout dans les provinces du Nord, les sorciers pouvaient nuire aux récoltes au moyen d'amulettes qu'ils portaient sur eux ou déposaient sous des buissons de sureau. Ils pouvaient produire vers, mouches, chenilles, faire pousser le blé en chaume seulement et causer des tourments et des souffrances à ceux à qui ils voulaient nuire. On trouva deux de ces amulettes sur un magicien, nommé Frieling, âgé de 70 ans, qui fut livré à la justice de Schweinfurt (2).

Plus que la grêle dans les champs, les sortilèges pleuvent sur les animaux et les personnes. Dans l'histoire de la sorcellerie, c'est un monde. Il est peu de procès où n'apparaissent ces criminels effets de la science

(1) D'Autes, *loc. cit.*, p. 857.
(2) Horst, *Démonomagie*, p. 253.

occulte. Elle s'exerce partout avec une infinie variété et des inventions toujours nouvelles.

Clauda Vernier, des Granges, subit la peine du feu à Dôle, au commencement du xvii° siècle, pour avoir tari le lait d'une vache, la principale ressource d'une de ses voisines à qui elle en voulait.

En 1640, au Grand-Sancey, village du comté de Bourgogne, les eaux d'une fontaine, contaminées par des infiltrations malsaines, avaient occasionné la mort d'un certain nombre d'animaux qui venaient y boire. Grand émoi dans le pays. Une vieille mendiante, originaire de Surmont, Cothin Migel, veuve Bourgeois, *diffamée sorcière*, est accusée d'avoir fait périr ces animaux *par art diabolique*.

Le 13 septembre est rendue contre elle la sentence suivante :

Nous la condamnons d'estre cejourd'hui conduite par le maistre exécuteur de la haute justice proche le gibet de la justice de Belvoir, et illec contre un poteau qui y sera dressé à cet effet estre estranglée tellement que mort naturelle s'ensuive, puis son corps estre jetté dans un feug qui sera faict et allumé pour cela et y estre ré-

duit en cendres, et avant que d'estre conduicte audit
lieu, estre appliquée à la tourture pour estre interro-
gnée et respondre de ses complices sorciers ou sorcières (1).

Mêmes agissements dans les villes. Adrienne
d'Heur, fille et petite-fille de sorciers, veuve de
Pierre Bacqueson, orfèvre à Montbéliard, surnommée la Bacquesonne, passait dans le pays
pour sorcière et *genmulche*.

Elle reconnut dans ses interrogatoires avoir,
par vengeance, occasionné le tarissement de
la vache de Léonard Scharffenstein; la mort
du cheval grison de Jean Monnier, dit Grenil-
lot; des rapts d'enfants, des maladies et des
morts subites.

Après une longue et minutieuse information,
traversée d'incidents qu'il serait trop long de
raconter, elle fut brûlée à Montbéliard le 11
septembre 1646 (2).

Tous ces petits épisodes judiciaires ne sont

(1) J. PERRECIOT, *Preuves de l'état civil des personnes et
de la condition des terres dans les Gaules, dès les temps celtiques jusqu'à la réduction des communes*, t. III, p. 328 et
suiv.

(2) TUETEY, *loc. cit.* p. 49 et suiv.

rien à côté d'une histoire merveilleuse, enfouie dans un ouvrage considérable et très sérieux, encore estimé de nos jours, le *Traité de la police sous Louis XIV*, par de Lamarre, commissaire au Châtelet, *Aventures diaboliques de Bras-de-Fer et de ses complices*.

Malheureusement l'espace nous manque pour en donner un récit détaillé.

Dans la Brie, aux environs de Paris, plusieurs bergers, par maléfices et sortilèges, faisaient mourir les bestiaux, attentaient à la vie des hommes, à la pudeur des femmes et des filles et jetaient l'épouvante dans la province. Ils furent arrêtés, et le juge de *Paci* instruisit leur procès. Dans leurs interrogatoires, ils firent connaître la composition des sorts dont ils se servaient pour faire périr les bestiaux. « Les procès-verbaux en donnent la description, dit de Lamarre, mais si remplie de sacrilèges, d'impiétés et de profanation qu'il vaut mieux l'ensevelir dans l'oubli que d'en rappeler les idées, le seul récit en ferait horreur. » Cette composition, enfermée dans un pot de terre, était cachée, soit à la porte des étables, soit dans le chemin que devaient suivre les bestiaux. Tant que le sort demeurait en cet endroit et que celui qui l'avait posé était en vie, l'étable était contaminée, les animaux périssaient. « Une circonstance fort singulière et fort surprenante de leur procès, fait observer de Lamarre, prouve bien qu'il y avait un pacte entre ces bergers et les malins esprits. »

Les deux plus coupables, Brioule et Lavaux, furent condamnés à être pendus puis brûlés ; un autre, Étienne Hocque, fut condamné seulement aux galères. Tous firent appel et l'affaire fut soumise au parlement. Étienne Hocque était à la chaîne dans les prisons de la Tournelle. On lui donna pour compagnon un autre détenu, nommé Béatrice, à qui le seigneur de *Paci* avait fait parvenir de l'argent, des vivres, et fait espérer une atténuation de peine s'il faisait parler Étienne Hocque et pouvait surprendre le secret des trois bergers. Béatrice se montra familier, confiant, parla du sabbat, des femmes qu'il y avait rencontrées, et proposa à son compagnon de chaîne de partager avec lui du vin choisi, des tranches de viande et du pain frais que son diable lui avait apportés pendant la nuit. Le festin commence aussitôt, Hocque trouve le vin délicieux; il devient bavard, expansif, et, complétement ivre, trahit ses complices et révèle le secret de *Paci*. Il n'y avait qu'un berger, nommé *Bras-de-Fer*, demeurant près de Sens, qui pouvait lever le sort par des conjurations. Béatrice lui promet de n'en parler à personne, et le décide à écrire une lettre, par laquelle il ordonnait à son fils d'aller trouver *Bras-de-Fer* et de ne le quitter que lorsqu'il aurait levé le sort pour lequel il avait été condamné. Pendant la nuit, le geôlier vint prendre la lettre, qui fut expédiée à l'instant même.

Hocque, à son réveil, se rappela ce qu'il avait fait; il se mit à jurer, à pousser des cris furieux, disant que Béatrice l'avait perdu et se jeta sur lui pour l'étrangler. Le commandant de la Tournelle accourut avec ses gardes et ne parvint pas sans peine à l'arracher des mains du forcené.

La lettre reçue, le fils de Hocque fit les démarches nécessaires, *Bras-de-Fer* obéit ; le sort fut levé. C'était la condamnation du révélateur. Il mourut subitement dans sa prison.

« Par les informations faites au château de la Tournelle par le sieur Marié, commissaire au Châtelet, et à Paci par le juge des lieux, il y a preuve, affirme de Lamarre, qu'au même jour et à la même heure que Bras-de-Fer commença à lever le sort, Hocque, qui était un homme des plus forts et des plus robustes, était mort en un instant dans des convulsions étranges, sans vouloir entendre parler de Dieu ni de la confession (1). »

Le procès suivit son cours. La sentence qui avait condamné Brioule et Lavaux à être pendus et brûlés fut confirmée par arrêt du 18 décembre 1691. Les enfants de Hocque, deux fils et une fille, furent arrêtés avec *Bras-*

(1) DE LAMARRE, *Traité de la police*, t. I, pp. 563, 564.

de-Fer et deux autres bergers. Ceux-ci ainsi que *Bras-de-Fer* furent envoyés au bûcher; les trois enfants d'Étienne Hocque furent bannis pour neuf ans.

Ce n'est pas assez de la perte des récoltes et des bestiaux, il faut trembler pour soi et pour les siens. La médecine est encore à l'état d'enfance, et les arts diaboliques qui la déconcertent ont atteint leur perfection.

Il n'est pas besoin de grands efforts pour ensorceler. Il suffit d'un souffle.

Dans un village de la Forêt-Noire, près de Fribourg, au commencement du xviie siècle, une sorcière, au moment de monter sur le bûcher, souffla sur le bourreau, en lui disant : « Tiens! voilà le salaire de tes peines! » Il tomba aussitôt malade, fut couvert d'une lèpre horrible et mourut peu de temps après.

Le prêtre Louis Gaufridi, brûlé vif le 30 avril 1611, par arrêt du parlement de Provence, avait le don d'ensorceler les femmes par son souffle, et l'on prétend qu'il souffla beaucoup. On sait que sa principale victime fut Madeleine de la Palud, fille d'un gentil-homme marseillais.

Un regard, une parole, une menace peuvent produire le même effet.

Le 8 juin 1618, une sorcière du Béarn, arrivée depuis peu à Bayonne, communiqua d'un seul regard le haut mal à deux jeunes filles, jusqu'alors d'une santé parfaite. En voyant ces malheureuses se rouler à terre dans d'horribles convulsions, un groupe furieux s'acharna après la sorcière. Elle fut terrassée, assommée à coups de pierres, et recouverte d'un tas de paille où l'on mit le feu.

Le 15 mars 1673, Jacob Aymé dépose devant la justice de Genève :

Qu'il y a environ trente-quatre mois, qu'estant dans la boutique de Zacharie, sur le pont du Rosne, assis sur une chaise assez basse, la nommée Cartiére serait survenue dans la boutique faysant semblant de vouloir achepter quelque chose et, regardant fort fixement le déposant, elle luy dit : « Qu'avez-vous, maître Jacob ? » Et en mesme temps luy osta une chenille du bout du menton, qui estait de la grosseur du doigt et la mit dans un bassin de cuivre qu'il avait sur ses genouls, ce qui le surprit fort, et ne peust parler de demi-quart d'heure, ne sachant si c'estait au subject de ladite chenille ou s'il estait enchanté. Et ayant repris la parolle il luy dit : « Double sorcière, il est impossible que cette chenille soit venue jusque-là sans que je l'aye senti. » (Veu d'ailleurs qu'il n'estait poin sorti de tout le jour.) Et dit encore ensuitte : « Messieurs, je vous en prends à tesmoinz, au cas qu'il m'arrive quelque chose. Je me plaindray. » A quoi elle repartit : « Vous me faites tort », et se retira.

Dépose, en outre, que dès ce moment le bras du costé où elle avait osté ladite chenille luy faisait des douleurs, et au bout de quinze jours fust impoten dudit bras (1).

Anna Maria *ensorcelait et tuait par ses paroles*, c'est le principal motif d'un arrêt de mort prononcé contre elle par le parlement de Rouen, le 16 septembre 1635, sur le rapport du conseiller de Galantine. Ses cendres furent jetées au vent sur la place du Vieux-Marché (2).

Le même résultat peut-il s'obtenir par un baiser ou par un simple attouchement? Grosse

(1) Dʳ LADAME, *Étrennes chrétiennes*, 1892, p. 89 et suiv.
(2) Registres du Parlement de Rouen, 1635.

question controversée dans l'ancienne démonologie. Quelques exemples vaudront mieux que l'examen des divers systèmes soutenus à ce sujet.

Dans la procédure suivie contre Michée Chauderon, la dernière sorcière brûlée à Genève, on lit cette déclaration :

Henriette-Suzanne Malbuisson, femme de feu Jonas Cartier, aagé d'environ 30 ans, ensuite du serment par elle presté de dire vérité.

A dit et déposé qu'il y aurait environ quatre ans qu'estant accouchée d'une fille, la Michée Ducrest la serait venu voir en sa couche, et luy aurait apporté deux œufs (1) et aurait baisé son enfant, lequel du depuis a esté toujours atteint d'une fièvre étique et langoureuse (2).

Jehan Vatrin et sa femme, inquiétés comme sorciers en Bourgogne, étaient venus tenir un petit commerce à Genève. En 1621, Vatrin

(1) C'est encore l'habitude en Franche-Comté et dans une partie de la Suisse, à la première visite qu'on rend à une nouvelle accouchée, de lui offrir des œufs durs et du sel.

(2) D' LADAME, *Procès criminel de la dernière sorcière brûlée à Genève*, le 16 avril 1652.

donna des démons et une maladie à la femme de François Godet en la touchant sur le col,

Et depuis que ledit Jehan l'avait touchée, à l'heure mesme, elle sentoit un nombre de fourmis à l'endroit où elle avait esté touchée, et puis s'espandit par tout son corps; à l'instant il luy prit une envie de vomir... Le lendemain, qui fut le samedy, elle s'efforça d'aller au marché, où trouvant sa mère-grand, luy dit que despuis que Jehan l'avait touchée le jour auparavant elle sentit de grands fourmillements et douleurs en son corps, de quoy on taschoit de la détourner pour ne pas l'affliger davantage. Finalement, le dimanche suyvant, qui fust le lendemain, elle demeura entièrement arrestée au lict, malade et oppressée de grandes suffocations de gorge, criant toujours : « Le mauvais Jehan! », et du despuis a esté toujours tourmentée par divers accidents auxquels on remédiait, mais frustratoirement.

Jehan Vatrin, après avoir subi la torture sans faire aucun aveu, fut banni sous peine de mort.

La même année, une sorcière de Saint-Cergues, sous les Voirons, nommée Pernette, ayant rencontré au village de Sionnet une fille d'environ quinze ans, s'approcha d'elle et lui dit qu'elle voulait lui mesurer la jambe pour savoir si elle l'avait aussi haute qu'elle.

Ayant pris cette mesure *avec une chenevotte*, elle répéta deux fois: « Par Dieu ! tu l'as aussi haute que moi. » Quinze jours après, la jeune fille fut atteinte d'une grave maladie. Ses jambes, horriblement enflées et couvertes d'ampoules violettes, surtout celle qui avait était mesurée, étaient le siège des plus vives douleurs.

D'après les déclarations de sa mère : « Elle se plaignait qu'elle avait quelque chose qui luy courait par le corps, mesme jusqu'au bout des ongles, de sorte qu'un chascun jugeait qu'elle avait les desmons, auquel estat elle est demeurée tout l'hyver passé en très piteux estat (1). »

Il n'en faut pas davantage pour abattre les plus robustes.

Charles Hiolle, d'Onnaing, va trouver un jour un charpentier pour lui rappeler qu'il doit élever une potence sur la Viewarde; il le touche à l'épaule et à la main, le charpentier

(1) LADAME, *Étrennes chrétiennes*, 1892, p. 170 et suiv.

meurt peu de jours après d'un mal inconnu.

La robe du prêtre, du magistrat, du religieux, n'est pas un préservatif.

De Lancre dit que l'attouchement des sorciers est plus contagieux que la peste et que les ministres du culte et les juges ont raison d'éviter leur contact (1).

Mêmes craintes et mêmes précautions en Allemagne. Georges Chieffel, un sorcier réputé dangereux, comparait devant les juges d'Esslingen en 1663 : il leur tend la main, tous ont un mouvement de recul par peur d'être ensorcelés.

A la même époque, dans la même ville infestée de sorciers, un pasteur était allé visiter des prisonniers. Une femme, en pleurant, le prie de l'écouter et veut lui prendre les mains. Il s'éloigne en disant : « Je ne donne la main à aucune impure (2). »

Le curé de Listrac, en Médoc, entendu comme témoin dans une information, affirme

(1) De Lancre, *loc. cit.*, p. 131.
(2) Diefenbach, *loc. cit.*, p. 95.

Qu'un certain sorcier lui ayant seulement touché légèrement sa ceinture, il fut tellement indisposé et mal affecté quelque moment après, qu'il luy semblait que sa ceinture était un cercle de fer bien rude qui luy serrait estroitement le ventre et les reins. Si bien qu'un de ses amis luy ayant donné conseil de la quitter et ne la porter jamais plus, il s'en trouva grandement allégé; mais pourtant il s'en est toujours ressenty despuis et s'en ressent encore, bien qu'il y ait six ou sept ans de cela. Et le curé de Molis, son voisin, ayant esté touché au bout du pied par le même sorcier, le bout des pieds et des mains luy firent une telle douleur qu'il en mourut dans trois jours (1).

La terrible épidémie du couvent de Louviers commença par un attouchement, si l'on en croit la sœur Marie du Saint-Sacrement :

Le curé Mathurin Picard passant une fois auprès de moi et m'ayant touchée sur l'estomac, je ne tardai guère de temps après sans être tourmentée par des pensées qui m'inquiétaient, et étant couchée vers les neuf heures du soir, je vis tomber par trois fois du plancher de grosses étincelles de feu sur notre couverture. J'eus grande frayeur...

A la suite, ébranlement général, troubles

(1) DE LANCRE, *loc. cit.*, p. 132.

nerveux, agitation convulsive, qui la firent passer pour possédée.

Quelquefois le sorcier joint le mauvais regard à l'attouchement pour être plus sûr de l'effet.

Nicolas Jacquinot, seigneur d'Auxon, fils du président de Bourgogne, lieutenant général du bailliage d'Amont, à Vesoul, de 1598 à 1614, a rendu un grand nombre de sentences contre les sorciers. M. l'archiviste Finot a recueilli et mis en ordre une partie de ces décisions; nous aurons plus d'une fois l'occasion d'y recourir.

En 1611, comparaît en appel, devant ce bailliage, Jeanne Joly, de Cromary, reconnue coupable « de nombreuses imprécations et de sortilèges ». Le lieutenant général ordonne un supplément d'information. Jeanne Joly, après avoir subi la torture des menottes, est enfermée à la conciergerie, où elle doit passer neuf jours au pain et à l'eau. On entend de nouveaux témoins, qui viennent confirmer les charges de l'accusation. Les deux premiers chefs sont ainsi formulés :

1° Ayant rencontré messire Jacques Prevostet, curé dudit Cromary, en une charrière qui est au-devant de la maison curiale, venant de ses nécessités naturelles, et l'ayant attentivement regardé, luy avoir dit ces mots : « Sors, sors, » et sur ce que ledit sieur curé luy répliqua : « Que dittes-vous? » Elle ne voulut respondre aucune chose, s'enfuyant lestement de ladite charrière en riant immodérément, estant arrivé le lendemain immédiatement suivant que ledit sieur curé fut attaint de telles douleurs au fondement qu'il luy sembloit qu'on luy arracha les entrailles, ce qui luy a continué jusqu'au soir sans pouvoir trouver allègement, quoyqu'il y ait employé plusieurs médicaments qui n'y ont jamais peu apporter guérison, le tout par le sortz et maléfice de la dite deffenderesse; 2° Item, pour environ la Pasque de l'an mil six cent et neuf, comme ledit sieur curé ouvroit la petite porte de l'église dudit Cromary pour ouyr en confession quelques femmes, s'estant ladite défenderesse présentée avec elles, avoir touché ledit curé aux reins, dès lequel temps jusqu'à présent il a extrêmes douleurs extraordinaires à l'entour d'iceux avec un grondement fréquent si qu'il luy semble que ce soit ung démon, n'ayant auparavant aucung sentiment de telles douleurs (1).

La maladie communiquée est quelquefois

extraordinaire. Françoise Treuillet, dite la Tisserande, de Corbenay, est condamnée, en 1608, par Claude Urbain, procureur d'office en la justice de Fontaine, à la potence et au feu.

La sentence, confirmée sur appel, retient ce maléfice :

Avoir, au mois d'apvril dernier, demandé des concombres à Jeanne Defleurey, femme de Simon Rabe, qu'elle luy refusa, et un mois après en avoir demandé tant à Françoise l'alon, qu'à ladite Jeanne, l'ayant rencontrée à la fontaine dudit Vesoul, estant devant les Hastes, qu'elle lui refusa, à raison de quoi ladite défenderesse l'a ensorcelée de telle sorte que sous trois semaines ladite Jeanne Defleurey a heu une grande maladie en la mamelle droite que luy a duré jusques à maintenant, de laquelle mamelle on a tiré une bûche comme du foing de la longueur de deux doigts, un grain comme de semence d'oignon, une chenevelle de la longueur d'un doigt, un grain comme de meure (mûre), un grain de concombre, du poil, cinq bûches comme de naiter (noyer) estant la moindre comme de la longueur d'un poulse et une espingle noire en deux trous; — avoir, après le premier refus, fait sécher lesdites concombres et diminuèrent comme bruslées et quelque temps après elles commencèrent à reverdir (1).

(1) Archives départementales de la Haute-Saône. B. 5048. Pièces décrites par M. l'archiviste Finot.

C'est là le véritable terrain et le triomphe de la science diabolique. Outre les poudres et les recettes données par le Maître, les aliments, le linge, les objets les plus simples, les plus vulgaires, les plus répugnants, tout peut communiquer le mal.

Les ensorcellements occasionnés par un morceau de pain, des fruits, des légumes, des œufs, une boisson quelconque, sont innombrables.

Que d'enfants ainsi frappés au désespoir des parents! C'était la spécialité de Marguerite d'Heure, surnommée la Bacquesonne, brûlée à Montbéliard, le 11 septembre 1646. D'après le témoignage de Marguerite Rouet,

Sa fille, âgée de 4 ans, qui allait gaie, bien portante et jouait dans la rue avec les enfants de son âge, s'avisa de manger un morceau de pain que lui avait donné la Bacquesonne; le soir même, vers 10 heures, elle se réveilla en sursaut et se mit à pousser des cris affreux en appelant sa mère et s'agitant avec une extrême violence, elle mourut presque aussitôt; le corps était tout noir et d'un aspect hideux (1).

(1) TELTEY, *loc. cit.*, p. 20.

Antoinette Malescamp et ses deux sœurs, brûlées comme sorcières, l'une à Avesnes et l'autre à Valenciennes, employaient les pommes et la tarte pour communiquer des maladies; elles firent périr ainsi plusieurs enfants.

Marguerite Doisy possédait une toupie magique au moyen de laquelle elle pouvait rendre malade ou tuer qui elle voulait. Il lui suffisait de prononcer un nom en la faisant tourner.

Aucune dignité ne mettait à l'abri des tentatives diaboliques.

En 1674, un nommé Séjournant demanda à la Chappelain, magicienne en renom, le moyen de faire un pacte avec le diable pour se débarrasser du premier président de La Moignon, dont il croyait avoir à se plaindre (1).

Les procès de la Chambre ardente ont révélé plusieurs entreprises démoniaques dirigées contre la vie du roi.

Il est peu de procès de sorcellerie où l'on ne

(1) Déclaration de la Filastre du 26 septembre 1680. (Bibl. Nationale.)

relève des maladies de toutes sortes données par sortilèges.

Comment savoir si le malade est ensorcelé? Les démonographes indiquent les symptômes et les manifestations qui distinguent les maladies ordinaires de celles causées par sortilèges. Ils relèvent des indices et des signes particuliers qui leur paraissent suffisants pour établir la différence. Nous n'osons donner cette nomenclature de peur d'effrayer certains malades. Les curieux la trouveront dans Boguet (*Discours des Sorciers*, ch. xxxii); dans l'ouvrage d'Autun déjà cité (*l'Incrédulité savante et la crédulité ignorante*), dans la *Démonologie*, de Fr. Perreaud, etc. La bibliographie est riche en cette matière.

Le diagnostic est plus difficile quand il s'agit de la possession même. Un savant démonologue, éclairé par sa propre expérience et celle de ses devanciers, pense que cet état maladif et mystérieux offre aussi des particularités significatives : « Il y a, dit-il, des marques évidentes pour en juger et s'en convaincre, telles que sont l'intelligence des langues inconnues à la personne malade, l'élévation durable sans aucun point d'appui, la révélation des choses cachées, éloignées et ignorées, etc., des forces au-dessus de la nature (1), etc. »

Les sorciers peuvent aussi guérir les maladies et lever les sorts.

Pour désensorceler, Louise Marchal appliquait un chapelet au cou de la personne maléficiée et lui faisait prendre un potage composé de lait, de beurre et du dessous de pain blanc qu'elle-même avait préparé. Quand le remède opérait, on voyait la victime rendre une infinité d'immondices et d'ordures infectes (2).

Des faits plus singuliers sont relatés dans les procès de la Chambre ardente. Une complice de la Méline, la fille Joly, devineresse e empoisonneuse, avoue, dans la torture, ave

(1) *Traité sur la magie, le sortilège, les possession, session et maléfices* (par M. D..., Paris, 1732).

(2) Louise, *loc. cit.*, p. 23.

(3) La Joly fut brûlée en place de Grève, à Par 10 décembre 1681.

désensorcelé une femme La Motte au moyen d'un « cœur piqué et bouilli dans un pot neuf » (1).

Les sœurs Chevreau, impliquées dans un sacrifice d'enfant, tué par Guibourg au pied d'un chêne, nient toute participation à ce crime; mais elles reconnaissent avoir fait désensorceler leur neuve par Guibourg (2).

Estevère d'Audebert, « insigne sorcière », savait ensorceler et désensorceler jusqu'aux moulins. La procédure, ouverte contre elle et la femme Hélix, débute ainsi :

Le 23 janvier 1619, le procureur d'office du sieur de Plas, coseigneur de Curmontes, se plaint des maléfices commis par Hélix de la Brué, femme de Géraud Cousin, du village de Garaldie, paroisse de Begenne, et par d'Estevère d'Audebert, femme de Louis Noal, du village de Peire, susdite juridiction, et même de ce qu'elles font sortir et vomir des corps des personnes maléficiées les morceaux dont elles ont été ensorcelées tout entiers, comme morceau de pommes et ammellettes tout entières.

(1) Les sœurs Chevreau furent condamnées à 50 livres d'amende, et, de plus, « admonestées et blâmées ». (Manuscrit de la Bibliothèque du Corps législatif.)

En, en outre, ont fait sortir de leur corps du venin animé comme des Sardottes et Grezouilles, qu'on appelle communément Languerotes, qui ont été rendues vives et vécu plusieurs jours.

Et particulièrement, ladite Estevère d'Audebert ayant fait vomir à un jeune homme, nommé Jean Cardaillac, un morceau de pomme et lesdites Languerotes, et au sieur Cheminade, des œufs mollet et le lard entier.

Il se plaignait aussi de ce qu'elle aurait arrêté le moulin de las Courdoulières en ladite paroisse de Begenne, l'espace de sept semaines sans moudre, et ayant visité ledit moulin et déclaré qu'il était arrêté par sortilège, elle le délia, ayant demandé d'y être laissée seule au dedans, ce qu'elle fit, et ayant fait sortir tous ceux qui était dedans, tout aussitôt elle le fit moudre avec plus de véhémence qu'il ne faisait autrefois.

Condamnée le 20 mars 1619, Estevère d'Audebert fut, le même jour, pendue, puis brûlée à Bordeaux (1).

Nous allons entrer plus avant dans les mystères de la sorcellerie et de la magie, suivre le jeu des artistes et des raffinés.

On trouve, au XVIIe siècle, ce qu'on pourrait

(1) Registres du Parlement de Bordeaux, 1619.

appeler le sorcier amateur, celui qui se moque de la crédulité et de la sottise humaine, qui fait servir la science occulte à ses distractions, à ses plaisirs, et, quand l'occasion se présente, à ses intérêts, sans y mettre aucun scrupule.

Un modèle du genre est un gentilhomme, nommé de La Pierre, de la ville de Granson, en Suisse, mis en relief par le docteur de Nynauld dans son traité de lycanthropie. Il est le héros des histoires les plus extravagantes.

A Yverdon, il vend à des Bourguignons, en plein marché, des bouchons de paille pour des pourceaux gros et gras, reçoit le prix de vente et s'amuse à leurs dépens pendant vingt-quatre heures.

Il jette l'épouvante dans l'hôtel où il a passé la nuit. Le matin, les Bourguignons veulent lui parler, il ne répond pas à l'appel.

La chambrière s'approche de son lit, et ne pouvant se faire entendre, le tire par une jambe qui lui reste entre les mains ; elle touche le cou, et la tête se sépare du tronc. L'hôtesse accourt aux cris de la servante et « trouve ledit de La

Pierre éveillé, se pourmenant par la chambre, de sorte que les pleurs furent changés en risées ».

Une autre histoire est plus difficile à raconter; elle ne peut être cependant mise à l'index, puisqu'elle figure dans un livre dédié au cardinal Duperron, primat des Gaules et de Germanie, et approuvé, le 6 avril 1615, par deux docteurs en morale et en théologie. Laissons parler l'auteur :

Le même personnage étant en la noce d'un certain gentilhomme, où il y avait plusieurs dames et damoiselles qui dansaient seules dans une chambre à part, prit un petit tambour qu'il gardait à cet usage, puis s'étant approché contre la porte pour le toucher doucement, au premier son d'iceluy, les dames croyaient que ce fut le bruit d'un ruisseau qu'elles virent à l'instant sortir de la muraille, comme il leur semblait, lequel s'accroissait, ou appetissait selon qu'il touchait fort, ou bellement le tambour, comme ravies et ensorcelées, levaient peu à peu leurs robes de peur de les mouiller, et, enfin, le ruisseau s'accroissant de plus en plus, furent contraintes de lever et robes et chemises, de quoi étant content, ledit de La Pierre et les spectateurs qui étaient au dehors avec luy, le firent diminuer peu à peu et à la fin disparoir entièrement; car s'il eut continué à le faire aggrandir, elles se fussent espouvantées et peut-être fussent défaillies par la crainte de submerger (1).

Moins divertissant que le ruisseau magique est l'odieux maléfice, qui désespère les ménages et fait rire méchamment les diables cachés sous le lit conjugal.

Les noueurs d'aiguillettes pullulent au xvii° siècle. D'après Perreaud, démonologue bien informé :

Il y a les noueurs d'aiguillettes si communs et ordinaires qu'il en a mesmement vu qui ne s'en cachent point, et qui plus est, aucuns qui s'en vantent et glorifient. Jusques là qu'il y a des femmes et des enfants qui s'en meslent; qui est une action en soy et de soy purement diabolique. Il est vrai que ceux qui s'en servent ne croyent pas qu'il y ait tant de mal, et ainsi se persuadent que cela n'est qu'une gaillardise pour rire et se donner du plaisir; mais ils se trompent grandement : car tant s'en faut que c'est, au contraire, le commencement et comme le fondement et l'apprentissage de la sorcellerie et de la magie (2).

(1) DE NYNAULD, *De la lycanthropie et transformation des sorciers*, p. 57 et suiv.

(2) FR. PERREAUD, *Démonologie ou Traité des démons, sorciers et de leur puissance ou impuissance.* Genève, Pierre Aubert, 1653.

C'est un maléfice si commun, pour le jourd'hui, dit aussi de Lancre, qu'il n'y a guère d'homme d'honneur qui s'ose marier de jour et qui ne cherche les ténèbres, et quelque ruse ou honnête artifice pour tromper le diable et éluder ses supposts.

Il revient plus loin sur le même sujet :

Pendant que l'aiguillette demeure nouée, Satan imprime au-dessus quelque petite marque ou verrue pour donner plus de mal au cœur à ces pauvres conjoints.

Il parle à mots couverts d'un noueur d'aiguillettes, âgé de soixante ans, de la paroisse de Brigueil, du village d'Alest, condamné par la justice de Montmorillon, et, sur appel, par le Parlement de Paris. Il ne veut même pas rappeler son nom : « Cette procédure, dit-il, se trouve au Parlement de Paris, ensemble l'arrêt qui s'en est suivi, dans laquelle il y a une infinité de choses exécrables qu'il vaut mieux supprimer que mettre au jour. »

L'accusé, dans un interrogatoire, déclare « que le diable lay promit de le faire riche et lui donner le moyen de se venger de ses ennemis et moyennant ce, il promit de donner son corps au diable après sa mort, lequel s'obligea de venir à luy pour l'assister toutes les fois qu'il le réclamerait et l'appellerait Abiron ; qu'il apprit dudit Abiron à nouer l'aiguillette et ne faut dire autre chose, sinon au lieu de : *Quid Deus...,* etc., dire : *Quod Diabolus...,* etc., et proférer tels mots aux épousailles. Il peut aussi nouer et dénouer l'aiguillette par autres paroles de malédictions (1). »

A la même époque, un conseiller de Riom, Jacques de Murat, fut chargé d'instruire contre un individu de Fama, qui était la terreur des jeunes époux.

Parmi les nombreuses condamnations prononcées par la Chambre ardente, figurent, en 1681, celles de Louis Gobert, ferrandinier à Paris (2), et de Barenton, laboureur en Beauce, jeteurs de sorts et noueurs d'aiguillettes.

Gobert exerça son talent contre un abbé dont la Vigoureux était jalouse (3).

(1) De LANCRE, *loc. cit.,* p. 314, 316, 773.
(2) Les ferrandiniers étaient des fabricants d'étoffes en soie et laine.
(3) Procès-verbal de la question de la Vigoureux du 9 mai 1679. Elle succomba aux douleurs de la torture.

Heureusement, celui qui noue peut dénouer. De Lancre a assisté au jugement de plusieurs sorciers qui faisaient l'aveu de s'être donnés au diable et d'avoir fait un pacte exprès pour lier et délier, donner le *lieure et l'oster*. On lui a fait voir une femme extrêmement habile en cette matière ; elle avait délié une jeune mariée qui poussait des cris furieux, s'agitait comme une possédée et courait à travers champs comme un lycanthrope.

La même sorcière avait promis à un mari désespéré de le remettre en possession de lui-même après une nuit passée dans son lit (1).

La contre-partie c'étaient les charmes d'amour, variés à l'infini, dont on a tant abusé au xviie siècle : poudres, graisses, breuvages, philtres, statues de cire, billets et signes cabalistiques, opérations sur des couleuvres et des crapauds, cérémonies sacrilèges, etc. ; toutes les inventions de la magie, de la sorcel-

(1) DE LANCRE, *loc. cit.*, p. 325.

lerie et de l'impiété mises au service des passions amoureuses.

On en trouve des exemples un peu partout.
Sous l'influence d'un charme, un jeune homme
de Saint-Gémiman, en Étrurie, s'éprend d'une
sorcière, quitte sa femme et ses enfants pour
habiter avec elle. La femme trompée, soup-
çonnant un sortilège, se glisse dans la maison
de sa rivale, et trouve sous le lit, enfermé dans
un pot, un crapaud ayant les yeux cousus et
bouchés. Elle le prend et le fait brûler. Le soir
même, le mari rentre à la maison, amoureux
de sa femme et ne voulant plus entendre parler de la sorcière (1).

A Paris, la mode des charmes devient fureur. Les sortilèges passionnels, comme on
dirait aujourd'hui, envahissent la ville et la
Cour, inquiètent le roi, lui font établir un tribunal d'exception pour juger les coupables.
De la Reynie ordonne des perquisitions, on
trouve chez la Trianon un squelette, des fioles

____

(1) DE LANCRE, *loc. cit.*, p. 322.

étiquetées, des planches d'argent gravées représentant des figures planétaires, des chandelles noires, faites de poix, un miroir magique, une baguette dite *Verge d'Aaron*, des figures de plomb, de celles qu'on employait pour les charmes dits *réussites de mariage*, un doigt de main desséché, des fragments d'hostie, un alambic, etc.

La comtesse de Soissons et Mme de Montespan recevaient des philtres pour le roi. Cette dernière les paya une fois cinquante louis (1).

La Voisin avait promis à Mme de Baucé, sénéchale de Rennes, un esprit pour se faire aimer et avoir de l'argent (2). Elle prétendait avoir reçu de Guibourg des huiles consacrées, qui rendaient amoureuses les lèvres qui en étaient imprégnées (3). Marie Miron, veuve de M. Brissard, conseiller au Parlement, donna

---

(1) Interrogatoire de Lesage, du 15 juillet 1680, à Vincennes. (Bibliothèque de l'Arsenal.)

(2) Confrontation de la Bosse à la Voisin du 8 mars 1679 à Vincennes. (Bibliothèque de l'Arsenal.)

(3) Interrogatoire de la Voisin du 16 juin 1680. (Bibliothèque de l'Arsenal.)

100 pistoles à la Voisin pour se faire aimer de Louis-Denis de Rubantel, capitaine aux gardes et maîtres d'hôtel du roi (1).

Françoise Filastre, aventurière, qui n'était, disent les extraits de la procédure, « ni fille, ni mariée », mise sur la sellette le 2 septembre 1680, reconnaît avoir consacré des couleuvres pour l'amour, et vendu des poudres et des cantharides (2).

Elle est associée avec un nommé Galet; celui-ci, arrêté à Caen, puis reconduit à Vincennes, fait des aveux complets. Il a travaillé en 1677 contre Mme de Fontanges, et donné deux fois des poudres pour le roi (3).

Les volumineuses procédures de la Chambre ardente contiennent une foule d'anecdotes, plus ou moins singulières, sur les figures de cire, les billets cabalistiques, les cœurs de pigeons, etc., employés pour l'amour. On voit

(1) Interrogatoire de Lesage du 27 mai 1679, à Vincennes. (Bibliothèque de l'Arsenal.)
(2) Manuscrit de la Bibliothèque du Corps législatif.
(3) Résumé de la déclaration de Galet, fait par de La Reynie, le 1er septembre 1680. (Bibliothèque nationale.)

en scène le chevalier de Bernières, inventeur d'une figure pour l'amour, Mᵐᵉ Marie de Lamarck, femme de M. du Fontet, mestre de camp d'un régiment de cavalerie, M. de Feuquières, M. de Prade, la présidente Leféron et bien d'autres, à côté de Mᵐᵉ de Montespan, toujours en cause (1).

Ces histoires, quelques-unes fort piquantes, pourraient trouver place dans un traité complet de magie et de sorcellerie, mais nous entraîneraient trop loin.

Pour donner plus de force au sortilège, des prêtres magiciens font passer les poudres et les billets sous le calice et baptisent les statues de cire, avec assistance de parrains et de marraines. C'était déshonorer le grand siècle, sans aucun profit pour l'amour.

Nous sommes en progrès; les charmeresses de nos jours, beaucoup plus ingénieuses et plus savantes, trouvent en elles-mêmes, sans le secours de l'esprit malin, tous les artifices

(1) François Ravaisson, *Archives de la Bastille*, t. IV, V, VI.

de la magie, et d'irrésistibles moyens de séduction. Des femmes blanches et frêles comme des lys sont plus fortes que le monstre noir avec toutes ses simagrées et toutes ses roueries.

Il faut croire que, pour Satan et ses disciples, l'amour et le mal ont la même origine, car tout ce qui produit l'amour, poudres, billets, figures de cire, peut en même temps satisfaire la vengeance, occasionner des maladies, des souffrances, passagères ou mortelles.

Pour rendre la poudre plus efficace, dans un but hostile ou amoureux, on y joint divers ingrédients : des cendres de crapauds, de couleuvres, de cadavres d'enfants brûlés et même des fragments d'hosties consacrées. Après de terribles conjurations, la poudre est jetée sur les vêtements et sur le linge, ou mêlée aux aliments de la personne qu'on veut atteindre par haine ou par amour.

Chambellan, gentilhomme breton, demeurant faubourg Saint-Germain, près la rue des Mauvais-Garçons, avait des figures de cire « pour l'amour et pour la mort » (1).

Guibourg, qui a fait et vu tant de choses extraordinaires, décrit, dans un interrogatoire, un billet, une sorte de pacte à double fin. Après une séance de magie et de conjurations, il trouva sur son manteau, déposé sur une chaise, un pacte, ou plutôt la copie d'un pacte (car les originaux de ces sortes de conjuration doivent être écrits sur parchemin vierge, et celui-ci était écrit sur papier); il était ainsi conçu :

Je (   ), fille de (   ), demande l'amitié du R... et celle de Monsieur le D..., qu'elle me soit continuée, que la R... soit stérile; que le R... quitte son lit et sa table pour moy; que mes parents, mes serviteurs et domestiques luy soient agréables, chérie et respectée des grands seigneurs, que je puisse être appelée au conseil du R... et savoir ce qui s'y passe, et que cette amitié redoublant plus que par le passé, le R... quitte et ne garde La Val... et que la R... étant répudiée, je puisse épouser le R...

Si cet appel au démon ne réussit pas, il est

(1) Procès-verbal de question de la Voisin du 20 février 1680 (Bibliothèque de l'Arsenal.)

pour la femme sans scrupule et sans pudeur un moyen suprême : remplacer les substances inertes par sa chair vivante, se donner elle-même en holocauste, servir d'autel au plus abominable des sacrilèges. Mystérieux pourparlers et rendez-vous avec un officiant, prêtre ou non, soit à Paris, soit à la campagne, dans une cave, une masure isolée ou une maison sûre. On pose une pierre d'autel ou un simple matelas sur une table ou deux chaises éclairées par des cierges presque toujours noirs. La femme, nue ou les jupes relevées, s'étend comme la victime du sacrifice, prête à toutes les complaisances et à toutes les hontes.

Le prêtre, revêtu de ses habits sacerdotaux, pose sur elle le calice et commence les profanations. Il consacre le pain et le vin avec d'horribles paroles. Un baiser obscène remplace celui que le prêtre a coutume de donner à l'autel, baiser quelquefois suivi de la possession complète. A certaines messes, on communie sous les deux espèces, confondues dans le plus hideux mélange que la débauche ait jamais imaginé. A l'immonde se joint la férocité : des sacrifices d'enfants complètent la fête, et nous ne sommes plus dans le domaine du rêve.

La célébration des messes sur le ventre, avec leur cérémonial et leur personnel, leurs formules et les crimes dont elles étaient le prétexte ou la cause, est attestée dans des pièces authentiques par une foule de témoins et d'accusés dont la véracité ne peut être mise en doute.

Des femmes à tout oser, comme la Voisin, la Ferry, la Vigoureux, la Joly, la Bosse, la Filastre, la Simon, la Pelletier, la Trianon, servaient d'intermédiaires salariées entre les femmes du monde et des prêtres indignes, entrepreneurs de sortilèges et de conjurations démoniaques (1).

L'usage de ces messes, appelées souvent messes noires, était si répandu, que les femmes qui ne voulaient pas se faire connaître ni se

(1) La Voisin a été brûlée vive le 22 août 1680. Après avoir fait amende honorable, la Bosse et la Ferry (celle-ci le poing préalablement coupé) ont été étranglées, puis brûlées le 10 mai 1679.

soumettre à de pareilles impudeurs trouvaient des créatures complaisantes pour les remplacer. La cérémonie, faite par procuration, ne perdait rien de son efficacité.

Elle pouvait être présidée par le premier venu. Le noueur d'aiguillettes Barenton, dont la réputation de sorcier s'était étendue de la Beauce à Paris, disait des messes de femmes pour des gens venus de Paris.

Desnoyers, maçon, inventa de nouvelles parodies sacrilèges à l'intention de Mme de Montespan.

Un lord anglais dont les procédures ne révèlent pas le nom, et qui paraît être Buckingham, l'illustre débauché, de concert avec la Des Œillets, suivante et confidente de Mme de Montespan, prêtait son concours et rendait les assistants témoins des plus monstrueuses obscénités; Rome et la Grèce, au paroxysme de leur décadence morale, n'ont rien inventé de sem-blable.

Ce culte abominable avait créé une sorte d'industrie. Maître Jean, portier des Quinze-

Vingts, prêtait sa chambre et des orne-
ments.

L'abbé Olivier, avait dressé un autel spécial
chez la Gouin, devineresse, « qui tenait un
mauvais lieu vers les Quinze-Vingts » (1). Il
faisait des conjurations pour la Philbert (2).

Deschault acheta une pierre d'autel, dont se
servait l'abbé Tournet. On relève à la charge
de ce dernier plusieurs messes dites sur une
jeune fille de quatorze à quinze ans, qu'il avait
séduite et déflorée, et d'autres dans une cave,
sur le ventre de sa domestique.

Accusé de sortilèges et d'empoisonnements,
Tournet fut condamné à la peine capitale.

Ces prêtres de Satan avaient des acolytes et
des desservants des deux sexes. La Durenant
et François de Lalande, tenant chacun un
cierge à la main, servaient les messes de Cotton, prêtre de Saint-Paul et maître des éco-

(1) Interrogatoire de Lesage, du 14 octobre 1679, à Vincennes. (Bibliothèque de l'Arsenal.)

(2) La Philbert, femme du premier joueur de flûte du
roi, fit amende honorable devant Notre-Dame, le poing
coupé, puis fut pendue en Grève le 10 juin 1679.

liers, passé maître en fait de sacrilèges et de conjurations (1).

On pourrait consacrer un chapitre spécial et même un livre curieux aux messes noires. Il y aurait ample pâture pour les amateurs de scènes fantastiques, de tableaux vivants, de réalités brutales.

Outre les sacrifices sanglants, les sacrilèges, les obscénités ordinaires, on assisterait à des messes à l'envers, à des opérations magiques sur des os de morts placés en forme de croix dans du linge ou des vêtements, à d'effroyables conjurations, la nuit, dans des caves rayées d'éclairs sinistres, pendant que l'orage gronde et que la foudre éclate au dehors. A travers les procédures, on suivrait les exploits diaboliques de prêtres insensés, comme Rebours, associé de la Duval, sorcière, qui avait un chat parlant; Bobie, prêtre de Saint-Laurent; Gérard, prêtre de Saint-Sauveur, triste héros d'un roman démoniaque; Dubousquier, Des-

(1) Cotton, arrêté au mois de février 1680, après avoir été soumis à la question, fut brûlé à Paris le 20 septembre 1680.

pan, Lemperrier, Deshayes, Gilles Davot, confesseur du mari de la Voisin, célèbre par la violence de ses conjurations (1) ; Mariette, ancien précepteur, condamné aux galères, et bientôt remis en liberté, grâce à sa parenté avec M. de Mesme, président à la Tournelle, etc.

Nous laisserons à d'autres le soin de révéler tous ces mystères, qui n'ont rien de commun avec ceux du moyen âge, et ne suivrons à la Chambre ardente que l'abbé Guibourg, le grand prêtre de la magie et de la sorcellerie (2). Dans ses rapports de police, de La Reynie esquisse ainsi le portrait de cet étrange personnage sur lequel il avait fait une minutieuse enquête :

(1) Gilles Davot fut pendu et brûlé le 9 juillet 1679, après avoir subi la question de l'eau.

(2) Pour ce qui concerne la Chambre ardente, voir le manuscrit ayant pour titre : « Chambre ardente, tenue les années 1679-80-81-82, extrait fait par M. Brunet, notaire, de 12 cartons remis entre les mains de M. le chancelier garde des sceaux, par les héritiers de La Reynie. » (Bibliothèque du Corps législatif.) François Ravaisson, *Archives de la Bastille*, t. IV, V, VI. — Dufey (de l'Yonne), *Mémoires pour servir à l'histoire secrète du gouvernement français, depuis le xive siècle jusqu'en 1789*.

Guibourg, cet homme qui ne peut être comparé à aucun autre, sur le nombre des empoisonnements, sur le commerce du poison et des maléfices, sur les sacrilèges et les impiétés, connaissant et étant connu de tout ce qu'il y a de scélérats, convaincu d'un grand nombre de crimes, et soupçonné d'avoir eu part à beaucoup d'autres ; cet homme qui a égorgé et sacrifié plusieurs enfants, qui, outre les sacrilèges dont il est convaincu, confesse des abominations qu'on ne peut concevoir, qui dit avoir, par des moyens diaboliques, travaillé contre la vie du roi ; duquel on apprend tous les jours des choses nouvelles et exécrables, et des crimes de lèse-majesté divine et humaine.

. Sa concubine, la nommée Chaufrain, coupable avec lui du meurtre de quelques-uns de ces enfants, a eu part à plusieurs des sacrilèges de Guibourg et, selon les apparences et l'air du procès, était l'infâme autel sur lequel il faisait ses abominations ordinaires (1).

Laissons parler Guibourg, et citons quelques extraits de ses interrogatoires :

« Leroy, gouverneur des pages de la petite écurie, a été le premier qui lui ait proposé de

(1) Mémoires de M. de La Reynie, sur le fait touchant les abominations, le sacrifice de l'enfant pour la Des Œillets et pour l'étranger, prétendu milord anglais. (Bibliothèque nationale.)

travailler pour Mme de Montespan ; croit qu'il y avait déjà des gens qui travaillaient pour le même dessein ; il le sollicita pendant plus d'un an à dire la première messe. Il y avait un gentilhomme qui le sollicitait conjointement pour la même affaire, mais il ne put savoir son nom ; son laquais lui dit qu'il s'appelait Saint-Morisse, et croyait qu'il était à Mgr l'archevêque de Sens ; il promettait 50 pistoles et un bénéfice de 2 000 livres.

« La première messe qu'il dit à cette intention fut au Mesnil, proche Montlhéry, sur le ventre d'une femme qui y était venue avec une autre grande créature. A la consécration, il récita la conjuration :

« Astaroth, Asmodée, princes de l'amitié, « je vous conjure d'accepter le sacrifice que je « vous présente de cet enfant pour les choses « que je vous demande, qui sont que l'amitié « du roi, de Monseigneur le Dauphin, me « soit continuée, et être honorée des princes « et princesses de la cour, que rien ne me « soit dénié de tout ce que je demanderai

« au roi, tant pour mes parents que servi-
« teurs. »

« Et il nomma les noms du roi et ceux de
Mme de Montespan, qui étaient dans la conjuration.

« Il avait acheté un écu l'enfant qui fut sacrifié à cette messe, lequel lui fut présenté par
une grande fille, et ayant tiré du sang de l'enfant qu'il piqua à la gorge avec un canif, il en
versa dans le calice, après quoi l'enfant fut
retiré et emporté dans un autre lieu, dont ensuite on lui rapporta le cœur et les entrailles
pour en faire une deuxième (messe), et qui
devaient servir, à ce que lui dirent Leroy et le
gentilhomme, pour faire des poudres pour le
(roi) et pour Mme de Montespan ; la dame pour
qui il dit la messe eut toujours des coiffes bais-
sées qui lui couvraient le visage et la moitié
du sein.

« Il dit la deuxième messe dans une masure,
sur les remparts de Saint-Denis, à deux heures
du matin, sur la même femme, avec les mêmes
cérémonies, et la Pelletier s'y trouva. C'était

pour invoquer le diable et faire un pacte.

« La troisième messe fut dite à Paris, chez la Voisin, sur la même femme, il peut y avoir de cela huit ou neuf ans.

« Il y a cinq ans, c'est toujours Guibourg qui parle, il a dit une pareille messe, à Paris, sur la même personne qu'on lui a toujours dit être (M⁽ᵐᵉ⁾ de Montespan), aux mêmes intentions, et la Laporte était présente.

« Il a fait chez la Voisin, revêtu d'aube, d'étole et de manipule, une conjuration en présence de la Des Œillets, qui prétendait faire un charme pour le (roi) et qui était accompagnée d'un homme (lord ***) qui lui donna la conjuration, et comme il était nécessaire d'avoir... (Il indique un mélange immonde qu'on versa dans le calice après être passé dans la ruelle du lit)... Sur le tout la Des Œillets et l'homme mirent chacun d'une poudre de sang de chauve-souris et de la farine pour donner un corps plus ferme à toute la composition, et, après qu'il eut récité la conjuration, il tira le tout du calice qui fut mis dans un petit vaisseau que la Des Œillets ou l'homme emporta (1). »

Guibourg, dont il serait trop long de reproduire tous les interrogatoires, reconnaît avoir égorgé trois enfants. Et que de victimes semblables à cette époque ! Un enfant de la Filastre a été massacré sous ses yeux pour un sacrifice. La Joly, entendue à Vincennes, le 1er mai 1681, fait la déclaration suivante :

La Méline la mena un jour chez Deschault, dans la rue du Temple, où elles retrouvèrent sa femme et un grand prêtre de fort méchante mine, appelé Meignan. La femme lui parla de quelque sacrifice. En ayant touché quelques mots à Meignan, il fut à l'instant lever une méchante pièce de tapisserie, et lui fit voir un bassin qui était derrière la tapisserie, et dans ce bassin les corps de deux enfants qui pouvaient être de sept mois ou environ, et qui étaient deux garçons qui avaient été coupés en plusieurs pièces, qu'on avait rapprochées les unes des autres dans le bassin dans lequel était du sang fort vermeil et qui paraissait être tout frais (2).

(1) Interrogatoires de Guibourg des 26 juin, 8 juillet et 10 octobre 1680, à Vincennes. (Manuscrit de la Bibliothèque du Corps législatif.)
(2) Bibliothèque nationale.

Ces massacres d'enfants jetaient l'épouvante dans Paris, et l'affolement public occasionna des désordres en 1676, ainsi que le constate La Reynie dans un rapport secret à Louvois (1).

Les déclarations de la fille Voisin des 20 et 22 août 1680 et celles de sa mère, le procès-verbal de question de la Filastre du 1ᵉʳ octobre 1680, les interrogatoires de Lesage du 15 juillet 1680 et de plusieurs autres accusés, contiennent d'horribles détails sur la célébration des messes noires et les sacrifices d'enfants. Nous n'insisterons pas.

L'amour a épuisé toutes ses flèches empoisonnées, mais la haine n'est pas encore désarmée. Pour les vengeances secrètes, pour frapper à distance, il reste une arme précieuse, l'envoûtement, qui permet, sans scandale et sans bruit, de graduer les tourments et même

____

(1) Mémoires de M. de La Reynie. « Observations à mettre sur la liasse des actes envoyés, suivant l'ordre du roi, par le sieur Desgrez, à M. de Louvois, enfermés dans une cachette dont j'ai envoyé la clef cachetée. » (Bibliothèque nationale.)

de donner la mort. Divers procédés à votre choix. L'envoûtement s'opère à l'aide d'une figure de cire, d'un animal, presque toujours un crapaud, d'un morceau de chair, d'un objet quelconque symbolisant la personne à laquelle on veut nuire. On peut même se servir d'os de mort.

Si vous voulez vous défaire d'un ennemi ou seulement le faire souffrir, fabriquez une figurine de cire, en y mêlant de l'huile baptismale et des cendres d'hosties brûlées. Vous lui donnez le plus de ressemblance possible avec la personne à maléficier. Après une invocation au diable, des formules spéciales et de foudroyantes imprécations, vous vous représentez l'allure et les traits de la victime désignée, vous reportez sur elle tout l'effort de votre pensée et toute l'intensité de votre haine, en l'appelant par son nom. C'est l'hypnotisme à sa plus haute puissance. Si vous voulez des blessures correspondantes, prenez une aiguille ou un stylet, et criblez de coups la statuette. Les yeux crevés rendront la personne aveugle. Vous lui brisez un membre en mutilant la statue. Faites fondre la cire, si vous préférez une maladie de langueur et de longues souffrances. Voulez-vous en finir et avez-vous du courage? Un coup droit au cœur, avec la ferme volonté de donner la mort, elle est instantanée.

Mêmes coups d'aiguille sur un crapaud, et mêmes effets produits. Avec plus de raffinements, la personne peut mourir empoisonnée.

Cette manière de vendetta était fréquente au moyen âge; une brochure récente retrace un envoûtement en Gévaudan, en l'année 1347 (1).

Nous allons retrouver les mêmes pratiques dans les procès de sorcellerie, non plus en Gévaudan, mais au cœur même de Paris, en plein xviie siècle.

Des herboristes, comme Deslauriers, Pâris, Petit, avaient la spécialité des crapauds pour

____

(1) M. Edmond Falgairolle, *Un envoûtement en Gévaudan en l'année 1347.*

découvertes de trésors, maléfices et envoûtements (1).

La magicienne la Bosse et son fils, jeune soldat, pour un maléfice mortel, donnent des coups de pointe de couteau à un crapaud qu'ils tiennent à la main, et lui font avaler du poison (2).

Lesage avait chez lui une figure de cire pour faire mourir et disait sur elle des conjurations pour la mort du roi (3).

Un arrêt du 20 février 1682 condamme Jean Maillard, auditeur des comptes à Paris, comme complice du sorcier Barenton et de l'envoûteur Pinon, à avoir la tête tranchée (4).

Les sorcières de Macbeth ont été dépassées. Le drame débute au cimetière de la façon la

(1) Les époux Petit, qui tenaient boutique ouverte à la Halle, vendaient leurs crapauds de 20 à 30 sols. Poursuivis devant la Chambre ardente, ils furent acquittés par arrêt du 21 juin 1679.

(2) Interrogatoire de la Chéron, du 27 mars 1679, à Vincennes. (Bibliothèque de l'Arsenal.) La Chéron fut condamnée à être étranglée, puis brûlée place de Grève, le 17 juin 1679.

(3) Interrogatoire de Lesage, 14 octobre 1679. (Bibliothèque de l'Arsenal.)

(4) Bibliothèque du Corps législatif.

plus funèbre. Une belle et rayonnante nuit d'été à Paris, en 1649, le gardien du cimetière de Saint-Germain-des-Prés, éveillé par un bruit insolite, se lève et aperçoit trois vieilles femmes qui, après avoir creusé une fosse, y déposent des morceaux de chair sanglante. Vite l'alarme est donnée, des sergents accourent, les trois femmes sont arrêtées. On reconnaît en elles trois sorcières : Claire Martin, âgée de cinquante ans; Jeanne Guierne et Jeanne Caquette, l'une et l'autre un peu plus âgées. Le procès-verbal des recherches constate qu'on a trouvé dans la fosse « un cœur de mouton plein de clous à lattes, bordé en forme de demi-croix et forces longues épingles y tenant ».

Interrogée par le bailli de Saint-Germain, Claire Martin reconnaît que c'est un maléfice préparé, avec l'assistance des deux autres femmes, pour nuire à quelqu'un qui lui a fait du mal.

Par sentence du bailli, « toutes trois sont condamnées au fouet, et ladite Martin, devineresse et actrice de tout ce malheur, à avoir de plus la fleur de lys et être bannie ».

Sur l'appel des condamnées, le Parlement de Paris, par arrêt du 14 août 1619, « réformant la sentence du sieur bailli de Saint-Germain, condamne ladite Martin à être fustigée et battue de verges, sans autre punition que celle du ban, les deux autres complices assistant à l'exécution de l'arrêt (1) ».

Une femme jalouse d'un jeune lord anglais avait promis de se venger. Elle s'empare d'un de ses gants. celui de la main gauche, le fait bouillir, le perce d'épingles et l'enterre en prononçant des paroles de malédiction. A la même heure, le jeune lord a la main transpercée et meurt peu de temps après (2).

(1) Procès-verbal du crime détestable de trois sorcières, surprises es faubourg Saint-Germain-des-Prés. (Paris, Sylvestre Moreau, 1619.)

(2) MARGARET et FLOVER, *Découverte étonnante*, 1619. Réédité en 1838.

CHAPITRE IV

LE RÊVE DU SABBAT

Origine et causes du sabbat. — Moyens de transport. — Le lieu. — *Les Gravissus*. — Les affiliés. — Un programme. — La reine du sabbat. — Récits des habitués. — Travestissements et fantaisies de Satan. — Le baiser d'obédience. — Les commandements du diable. — Le poëme du sabbat. — Le sabbat a-t-il existé? — Les croyants du XVII° siècle. — Suppositions du bibliophile Jacob et de Michelet. — Preuves expérimentales de la non-existence du sabbat.

Un régime occulte ne suffit pas à l'ambition de Satan. Aucune église, association ni gouvernement, ne peut se maintenir sans assemblée. Pour réunir ses fidèles, donner ses ordres, recevoir les hommages publics, attirer la foule par des réjouissances et des débauches nouvelles, le diable a créé le *sabbat*.

Si vous voulez y assister, rien de plus facile;

sans vous enduire de graisse et par quel moyen de transport il vous plaira, nous y arriverons en un clin d'œil.

A tout âge, on peut faire sans peine ce voyage aérien.

Pierre Vuillemoz et Claude Charloy ont été conduits au sabbat à l'âge de dix ans, sur les terres de l'abbaye de Saint-Claude (1).

Deux enfants, les frères Klein et Daniel Berthol, âgés, l'un de cinq, l'autre de dix ans, jugés à Werthen, en 1629, sont allés au sabbat sur des balais, le « manche en bas », avec les sorcières qui les accompagnaient.

Dans le Wurtemberg, une jeune fille de dix-sept ans, Marguerite de Neukirchen, fait connaître au juge et au pasteur que le diable l'a enlevée dans les airs, lui a fait traverser l'Elbe, près de Hambourg, puis la mer, pour la transporter en Espagne, où il l'a forcée de manger des pommes (2).

(1) BENOIT, *Histoire de l'abbaye de Saint-Claude*, t. II, p. 551.
(2) DIEFENBACH, *loc. cit.*, p. 33.

Arnoutelle Defrasne, la *Royne des sorcières*, de Valenciennes, était enlevée à bras par son roi, transportée au-dessus des remparts de la ville, et déposée doucement au lieu de réunion.

Beaucoup de sorciers et de sorcières, comme le curé Gaufridi, qui a tant effrayé les conseillers d'Aix, passent simplement par la cheminée.

Un billet d'entrée n'est pas nécessaire, comme le croyaient le marquis de Feuquières, colonel d'un régiment d'infanterie, et son général, l'illustre maréchal de Luxembourg. Passionnés tous deux pour les choses occultes, et voulant assister au sabbat, ils avaient reçu du soldat Bosse, dit Bel-Amour, un billet d'admission, marqué de quatre croix, ainsi conçu : « C. P. C. M. la personne... F. P. C. A. l'assemblée secrète (1). »

Nous pouvons donc nous mettre en route.

(1. FRANÇOIS RAVAISSON, *Archives de la Bastille*, t. V, p. 219, 262 ; t. VI, p. 124. Bosse fut condamné à mort et exécuté le 10 mars 1679.)

Pour le lieu de l'assemblée, nous n'avons que l'embarras du choix, car le sabbat se tient un peu partout, au milieu des bois, dans les landes, sur la prairie, dans les cimetières, les cavernes, les maisons, et même les endroits les moins propices. De Lancre cite deux églises où se célébraient des fêtes démoniaques. Des sorciers de la terre de Saint-Claude se sont réunis dans la cour du prieuré de la Mouille. D'autres, plus hardis, échappés de prison pendant l'épidémie du Labourd, ont organisé un petit sabbat dans l'hôtel même habité par les juges. A Anthoison, village de la Haute-Saône, le conciliabule avait lieu sur les toits. Les affiliés s'y rendaient à travers les airs, se reposant sur les arbres. On les appelait *Gravissus* (1).

Dans une envolée, ils ont rencontré d'autres sorciers du comté de Bourgogne, sur un char attelé de deux chevaux, conduit par un fantôme.

Nous pouvons choisir une réunion familiale,

(1) A. TUETEY, *loc. cit.*, p. 17.

où les gens se connaissent, ou de nombreuses
assemblées qui se tiennent à jours fixes, à
certaines époques de l'année.

Lancre, si compétent en la matière, signale
une agglomération de douze mille âmes dans
un petit canton basque, où se trouvaient des
gens de toutes classes; et malheureusement
beaucoup de prêtres (1).

L'assistance, en général, il faut vous en
prévenir, est peu choisie. Beaucoup de vieilles
sorcières, amenant quelques jeunes femmes et
des enfants, des gens à figure sinistre et d'aspect misérable, tous les métiers représentés,
peu de bourgeois et de seigneurs, quelques
hommes de science égarés, d'ignobles débauchés, des malades secoués par la fièvre et le
délire.

En France, une grande liberté d'allure, peu
de surveillance et beaucoup de désordre. En
Allemagne, plus d'apprêts et de solennité, des
pouvoirs hiérarchiques et un commandement

(1) DE LANCRE, *loc. cit.*, p. 36 et suivantes.

organisés, depuis le grade de général jusqu'à celui de porte-drapeau, différentes charges déterminées : des secrétaires, des juges, des prêtres, des cuisiniers salariés (1), etc.

Si vous désirez un programme, en voici un des plus modestes :

SABBAT DU..... A

Ouverture à 9 heures du soir.

Président : BÉELZÉBUTH (forme changeante, à surprises).

Choix d'une reine.

Appel, amende de 5 livres et punition corporelle contre les défaillants.

Renouvellement des promesses et des engagements.

Adoration du diable avec des chandelles noires (2).

Le baiser d'obédience.

Distribution des poudres à maléfices.

Conciliabule pour la grêle (3).

Festin.

Interdiction du sel qui sert au baptême.

Musique; flûtes et tambours.

(1) SOLDAN-HEPPE, *loc. cit.*, t. II.

2, L'emploi des chandelles noires ou vertes était fréquent en sabbat dans le comté de Bourgogne.

(3) Il y avait souvent de vives discussions entre les possesseurs de biens et les pauvres au sujet de la formation de la grêle.

Danses en rond, dos contre dos.

Béelzébuth descend de son trône, fait son choix et donne le signal.

Mêlée générale; parodie du mariage. Lumières éteintes, ciel voilé, obscurité complète.

Départ au chant du coq.

Avant le spectacle, écoutons le récit de quelques habitués.

Marie Carlier, venue des environs de Tournay pour assister aux sabbats du marais de l'Espaix, est assise à côté du maître, « couverte de faux affiquets et couronnée royne » (1).

De Lancre « en tout village a trouvé une royne de sabbat, que Satan tenait en délices comme une espouse privilégiée ».

Très assidue au sabbat était Adrienne Perrin, poursuivie en 1613 devant le bailliage de Vesoul. L'instruction résume ainsi la part qu'elle y a prise :

Avoir sollicité d'être confrontée avec des sorciers et des sorcières aussi détenus, qui la reconnurent pour avoir été avec eux au sabbat en différents endroits du territoire de Montjustin; — avoir ladite défenderesse

_____

(1) Louise, *loc. cit.*, p. 46.

comparu comme les autres à l'appel d'un certain démon, son maître, qui se nommoit *Gribouchot* (lequel
a coustume, à l'entrée et commencement desdits sabbats, pour recounoître s'il deffant aucun sorcier ou
sorcière, de nommer et surnommer tous iceux l'un
après l'autre, selon l'escrit qui en est en certain livre,
duquel les feuillets sont noirs et lesdits escrits blancs);
— s'y être représentée sans y avoir défailli (et lequel
démon, en ayant perdu aucun, a accoustumé faire un
cri si espovantable que lesdits sorciers en après n'y
osent défaillir, se faisant tel sabbat à certain jeudy,
et à la mynuit); — s'être ladite deffenderesse retrouvée
avec les autres sorciers proche un grand feu, qu'ordi-
nairement est fait à tel sabbat; à la clarté d'iceluy,
avoir dansé avec ledit Gribouchot, son maître, et
autres démons et sorcières, dos contre dos, et selon
qu'ils ont accoustumé; — avoir icelle deffenderesse
beu et mangé aux sabbats avec iceux démons, sorciers
et sorcières, du breuvaige et viande de chair de chat
et autres qui y sont apportées par lesdits démons sur
une table dressée à cet effet, estant assis, et lesquelles
viandes n'ont aucune saveur; avoir avec les autres
susdits sorciers, à chacun desdits sabbats, fait adoration et oblation avec une chandelle de brèze allumée,
rendant une flamme bleuse et verte, à certain démon
qui domine et préside sur tous les autres, qui s'appelle
Bonne-herbe, ayant les deux mains en terre et le derrière mid eslevé, étant habillé d'une longue robe
noire, et un sac de toile en teste, en forme de capuçon

de moine, et en derrière le derrière duquel y ait un petit démon, lequel qui est réputé et commis pour recevoir lesdites chandelles, que la deffenderesse lui a offry par tous lesdits sabbats, et plantées aux dents de certaines hyerces (herses), estant élevées sur trois bois et les dents contre monts, selon que faisoient tous les autres sorciers et sorcières. — Avoir icelle deffenderesse, après telles offertoires, ayant les genoux flexis en terre, avoir baisé le derrière dudit démon par forme et manière de reconnoissance et mespris de son Dieu, — de plus et à tous les sorciers d'iceux sabbats, avoir lavé les mains, dansé la danse que les diables nomment la danse des grales (grêles) avec son démon Gribouchot et autres sorciers et sorcières dos contre dos (1).

Devant la justice de Demangevelle, en 1629, Georges Grandjourné est reconnu coupable « d'être allé souvent au sabbat, où il faisait la cuisine, ayant une grande serviette devant lui et découpant le pain et la chair de bœuf rôtie ; d'avoir proposé audit sabbat de faire périr toute la récolte de blé dudit Mélincourt ; d'avoir été reconnu et dénoncé par plusieurs sorciers

____

(1) Archives départementales de la Haute-Saône, B. 5049.

ou sorcières, détenus ou exécutés comme tels (1), etc. »

Il ne faut pas vous laisser ignorer que presque tous les convives se plaignent de sortir avec la faim.

Le roi de la fête habituellement préside en forme de bouc ; mais plus d'une fois, par une suprême ironie, il s'est fait adorer en vache noire et en chat. Sa fantaisie n'a pas de bornes : on l'a vu se dresser comme un fantôme de feu qui sort d'une fournaise.

Il est apparu ailleurs comme un vieux cyprès décharné, sur tronc duquel se dessinait un visage humain.

Quand il trône en bouc, il prend une forme spéciale décrite par les démonographes pour faciliter l'humiliant baiser qu'il exige, « honorant certains sorciers et sorcières plus que les autres ».

Marie d'Aspicalure, habitante d'Hendaye, âgée de dix-neuf ans, déclare, « étant à ge-

(1) Archives départementales de la Haute-Saône, B. 5048, 5058.

noux, avoir rendu trois fois de suite cet hommage à un bouc resplendissant, dont tous les membres avaient des proportions gigantesques ».

Une des reines du sabbat, la belle J. Detsail, avait prodigué à son diable l'ignoble baiser. Les privations du cachot et l'écrasement de la torture avaient à peine altéré sa beauté. Amoureux d'elle, le bourreau pleurait en la conduisant au supplice. Quand elle monta sur le bûcher, à Bayonne, en 1609, il lui demanda le baiser du pardon. Elle le repoussa dédaigneusement, « ne voulant pas, dit De Lancre, profaner sa belle bouche qui avait accoutumé d'être collée au derrière de Satan ».

Le récit du sabbat, sur lequel on pourrait écrire des volumes, varie selon le caractère, les habitudes et le tempérament du narrateur. Les chaudes imaginations du midi de la France en font d'épouvantables et lubriques descriptions, impossibles à reproduire. Des couleurs de feu représentent la nudité, les poses, les fantaisies érotiques des principaux acteurs au milieu de la mêlée et des rondes infernales.

Satan a des lois de débauche et de dégradation ; commandements que De Lancre formule ainsi :

> Danser indécemment,
> Festiner ordement,
> S'accoupler diaboliquement,
> Sodomiser exécrablement,
> Blasphémer scandaleusement,
> Se venger insidieusement.

Ces bouts-rimés pâlissent à côté d'un long poème latin sur les sorcières, dédié par un très haut personnage à De Lancre, et que celui-ci a traduit lui-même.

La haute dignité de l'auteur, plus jurisconsulte que poète, donne à cette épopée tragi-diabolique un certain intérêt.

Une citation suffira pour en faire apprécier l'esprit et la valeur.

Le Sabbat, traduit du poème latin de M. le président d'Espagnet, conseiller du roi en ses Conseils d'État et privé, à l'honneur de M. de l'Ancre, en son livre de *l'Inconstance des démons :*

. . . .
Voyez le throsne d'or du tyran orgueilleux,
Qui rend aux assistants son regard merveilleux,
          Terrible et sanguinaire.
D'un gosier altéré du sang de ses subjects,
          Esbranlant sa crinière
A la mesme façon que Pan. Dieu des forests.

. . . .
Désireux d'exercer sa tyrannique loy,
Il appelle à l'instant ses esclaves vers soy,
          Où sont plus de femelles.
Plusieurs enfants y vont, comme on voit au printemps
          Sur les plantes nouvelles
Les oiseaux par amour ensemble voletant.

Suivant tous les appas de l'impudicité,
On voit la sœur se joindre à son frère éhonté,
          Et le fils à sa mère,
Chacun s'estyme heureux; ainsi reste impuny
          L'inceste et l'adultère,
Tant le respect des lois de ces lieux est banni...

Ces vers impitoyables ne disposent pas à
une expédition nocturne sous la conduite du
diable et portent à des idées plus sérieuses. Le
sabbat est le pivot de la sorcellerie. C'est un
événement considérable dans l'histoire de la
civilisation et de la justice criminelle. Il sou-
lève une question de haute physiologie, un
problème historique qui n'a pas encore été ré-
solu : le sabbat était-il réel? n'était-ce qu'une

hallucination, ou simplement un prétexte à des réunions nocturnes dont l'unique démon était celui de la débauche?

Même à l'époque la plus brillante du xvii⁵ siècle, la réalité du sabbat, pour la plupart des occultistes, est un article de foi. Leur conviction se manifeste avec une véritable éloquence. L'essence de Satan, son éternelle ambition est de singer et d'outrager la majesté divine. Il lui faut un culte, parodiant les cérémonies religieuses, une royauté sur terre. Il aura son trône et son autel. Le sabbat existe, et s'est perpétué à travers les siècles; il s'est tenu des milliers de fois dans toutes les contrées du monde. Qui peut en douter quand tous l'affirment, accusés, juges, confesseurs et témoins; les accusés, au péril de leur tête, et souvent même avec la certitude d'être brûlés comme sorciers?

Hautes juridictions et parlements sont convaincus. L'arrêtiste Jean Chenu, dont le recueil est de 1620, cite un arrêt du 16 mars 1616, par lequel le Parlement de Paris condamne trois sorciers du Berry à être pendus et brûlés pour être allés au sabbat.

A la suite de l'épidémie du Labourd, les prisons sont insuffisantes pour contenir les accusés. La Tournelle de Bordeaux, embarrassée de tant de procès, décide, à la rentrée de la Saint-Martin de 1609, qu'on devra se borner à fouetter et à bannir à perpétuité les sorciers qui ont seulement assisté au sabbat sans s'être livrés à aucun maléfice, cet adoucissement n'est pas ratifié. Par deux arrêts solennels, la Grand'Chambre, le 10 juillet 1610, présidée par M. d'Affis et peu de temps après, par M. Mesmod, pose en principe que les sorciers se transportent réellement au sabbat, et maintient la peine du feu dans tous les cas (1).

Les parlementaires de Rouen suivent la même doctrine, et pour la justifier, dans une requête adressée au roi en 1670, exposent l'état général de la jurisprudence et rappellent

______

(1) Registre du Parlement de Bordeaux.

plusieurs décisions et arrêts rendus dans le même sens.

Mêmes théories appliquées en Allemagne. En 1629, à Bettinghen, plus de cinquante sorciers ont subi la peine capitale pour être allés au sabbat.

Quelques magistrats se moquaient de cette crédulité.

Nicolas, ce courageux conseiller du Parlement de Besançon, qui a combattu avec tant d'éloquence et d'énergie les abus de la torture, fait appel au bon sens et se demande comment on peut prendre au sérieux cette mise en scène, toute cette fantasmagorie qu'un signe de croix dissipe en un clin d'œil (1).

De nos jours, on croit généralement que le sabbat était le rendez-vous de débauchés ou de malheureux qui cherchaient dans de bizarres festins et des danses orgiaques l'oubli des misères du temps.

Il est donc avéré, dit le bibliophile Jacob, que le

1. AUGUSTIN NICOLAS, *Si la torture est un moyen sûr à vérifier les crimes secrets*, p. 165. Amsterdam, 1681.

sabbat, sous prétexte de magie et de sorcellerie, ouvrait un vaste champ à la démoralisation la plus complète. Aussi ce n'étaient pas seulement des démons qui en faisaient les frais et en avaient l'odieux profit. On doit supposer même que bien souvent le diable n'y figurait qu'en peinture; mais il en était toujours l'âme et la pensée. Il ajoute que la nudité complète des assistants témoigne assez que le sabbat était un rendez-vous de prostitution abominable (1).

Michelet semble admettre l'existence du sabbat et montre la différence des assemblées démoniaques au moyen âge et au XVII° siècle.

Au moyen âge, c'est la revanche des serfs et la manifestation de leurs mœurs crapuleuses.

L'adultère est chez eux à l'état d'institution reconnue, estimée, chantée, célébrée dans tous les monuments de la littérature... L'inceste est leur état général, état parfaitement manifesté dans le sabbat, qui est leur unique liberté, leur vraie vie, où ils montrent ce qu'ils sont (2).

Au XVII° siècle, « ce n'est plus la sombre fête de révolte, sinistre orgie des serfs, des *Jacques*

(1) Bibliophile Jacob, *Curiosités du moyen âge.*
(2) Michelet, *la Sorcière*, notes et éclaircissements. p. 401.

communiant la nuit dans l'amour et le jour dans la mort. »

La violente ronde du sabbat n'est plus l'unique danse.

On y joint les danses moresques, vives ou languissantes, amoureuses, obscènes, où des filles dressées à cela, comme la Murgui, la Lisalda, simulaient, paradaient les choses les plus provocantes. Ces danses étaient, dit-on, l'unique attrait, qui, chez les Basques, précipitait au sabbat tout le monde, femmes, filles, veuves (celles-ci en grand nombre). Sans ces amusements, sans le repas, on s'expliquerait peu cette fureur du sabbat (1).

Il faudrait ignorer les légendes du Nord, pour nier qu'il y ait eu des danses nocturnes dans les bois, les prairies et même les cavernes. Il y en avait aussi autrefois dans divers pays, à l'occasion de certaines fêtes religieuses. Mais ces réunions familiales n'avaient rien de satanique. Le sabbat, tel qu'il est décrit par les sorciers, n'a jamais existé que dans leur imagination malade.

(1) MICHELET, *la Sorcière*, p. 213.

La fantaisie et l'impossibilité des transports aériens, la délivrance momentanée des prisonniers enchaînés, les baroques travestissements du diable, la composition du festin, les descriptions fantastiques de la fête, les apprêts en commun pour provoquer l'orage et la tempête suffiraient à démontrer le rêve et l'hallucination.

Certains accusés semblent dormir encore en laissant tomber les aveux qu'on leur arrache. Une sorcière de Clerval dit que : « Nuitamment, ne sachant en quel lieu ni endroit, elle s'est trouvée dans des danses où il y avait quantité de personnes, hommes et femmes, et lui semblait qu'elle sautait aussi haut que le plancher; il lui semblait que c'était sur la place publique de Clerval, elle s'y trouvait sans savoir par où elle sortait, ni rentrait à la maison, sachant très bien qu'elle ne marchait pas, mais ne pouvant dire comment ni de quelle façon (1). »

Jean Wier fait observer que certaines sor-

(1) TUETEY, *loc. cit.*, p. 93.

cières, bien que vieilles et peu agiles, prétendent s'être échappées pour aller au sabbat par des trous si petits, qu'il leur eût été plus facile de passer un câble par le trou d'une aiguille (1).

En 1609, des enfants suspects, enfermés dans des églises, se vantaient d'échapper à la surveillance des gardiens pour voler au sabbat. Catherine de Moguille, de la paroisse d'Ustarits, âgée de onze ans; Jeannette d'Abadie de Sibord, âgée de seize ans; Marie d'Aguerre un peu plus jeune, et plusieurs de leurs compagnes à peu près du même âge, persuadaient aux juges-commissaires envoyés de Bordeaux que le diable venait les prendre et les emportait pendant l'office. A une assemblée de jour, Marie d'Aguerre a vu le démon sortir d'une grande cruche, devenir peu à peu un géant d'une taille épouvantable, puis, le sabbat fini, se faire tout petit et disparaître dans sa cruche (2).

(1) JEAN WIER, *De prestigiis et incantationibus*, traduit en français par JACQUES GREVIN, Paris, 1567, in-8.
(2) D'AUTUN, *loc. cit.*, p. 777.

Grand émoi, à Ingolstadt, un jour d'exécution : plusieurs sorciers, condamnés au feu, sont amenés au lieu du supplice ; la foule est considérable autour du bûcher. Avant de l'allumer, lecture est faite au peuple des confessions judiciaires et des noms de diverses personnes que les condamnés ont fait périr au sabbat. Tout à coup, des clameurs s'élèvent de divers côtés ; des spectateurs s'avancent en gesticulant, le juge qui assiste le bourreau veut savoir la cause de ce tumulte ; il constate la résurrection de six morts, prétendues victimes des sorciers, qui viennent protester contre la fausseté des témoignages et l'erreur de la justice (1).

Ce n'est pas un fait isolé. On a vu plus d'une fois, en Espagne, en France et en Allemagne, reparaître des enfants et des adultes qu'on croyait avoir été massacrés au sabbat, ou à la suite des promesses qu'on y avait faites à Satan.

_____

(1) Spée, *Cautio criminalis*, p. 202.

On sait quelles étaient l'activité de la justice et la fièvre de l'espionnage à l'égard des sorciers. Accusés et témoins indiquent le jour, l'heure et le lieu de la réunion, on se met en campagne, on surveille, on entoure le lieu suspect, et jamais les coupables n'ont pu être surpris; aussitôt qu'on approche, tout s'évanouit. Nous avons fouillé des milliers de procédures sans pouvoir découvrir un seul procès-verbal de flagrant délit, ni une constatation sérieuse.

Ce qu'on relate, ce sont les plus étonnants subterfuges de la part du grand maître. Dans un couvent d'Allemagne, un religieux, assidu aux offices, est accusé de sorcellerie et ne nie pas sa présence au sabbat. Que faisait le prince des esprits? A l'heure des matines, la stalle du moine, pendant qu'il folâtrait avec les sorcières, était occupée par un démon qui lui ressemblait à s'y méprendre et avait pris même l'intonation de sa voix (1).

(1) D'AUTUN, *loc. cit.*, Discours XIII, p. 775.

Des expériences définitives ont démontré le néant du sabbat.

Un juge de Florence, peu crédule, veut mettre à l'épreuve une sorcière et la laisse agir à son gré. Elle assure qu'elle ira au sabbat la nuit même, si on la laisse rentrer chez elle et pratiquer l'onction magique. Le juge y consent. Après s'être frottée de drogues fétides, la prétendue sorcière se couche et s'endort profondément; on l'attache sur le lit; des piqûres, des coups, des brûlures, rien ne peut la faire sortir de cet état léthargique. Réveillée avec peine le lendemain, elle raconte ce qu'elle a vu au sabbat (1).

Gassendi, pendant une de ses villégiatures dans les Basses-Alpes, voulut détromper les paysans.

Il aperçut un jour un berger, lié et garrotté, que les gens du village avaient arrêté comme sorcier et conduisaient devant la justice. Grâce

(1) J.-B. Porta, *Magia naturalis*, l. II, c. xxvi; Amsterdam, 1664, in-12, traduit en français par Meissonnier; Lyon, 1688.

à l'autorité dont il jouissait dans le pays, il parvint à se faire remettre le prisonnier, le fit entrer chez lui et l'interrogea devant ceux qui redoutaient ses maléfices.

— Pourquoi tous ces gens-là t'accusent-ils de sortilèges ?

— J'ai fait un pacte avec le diable, il y a trois ans.

— Tu te l'imagines ?

— J'avale un baume qu'un de mes amis m'a donné, et je vais au sabbat tous les soirs.

— Si tu veux, mon ami, nous irons ensemble. Que faut-il faire ?

— Prendre une de mes pilules; nous coucherons devant la cheminée; un démon, en forme de gros chat noir, nous emportera au sabbat.

Gassendi fit semblant d'avaler une pilule et s'étendit près de son compagnon sur un matelas, les pieds sous le manteau de la cheminée. Le berger passa une nuit très agitée, rêvant tout haut, débitant mille extravagances. Le lendemain matin, il fit devant plusieurs personnes un récit merveilleux du sabbat auquel il avait assisté.

Comme les paysans n'étaient pas encore convaincus, Gassendi administra aux plus entêtés un breuvage qui les fit tomber dans un profond sommeil. A leur réveil, ils racontaient des voyages et des scènes fantastiques, quand tous les assistants pouvaient constater qu'ils n'avaient pas quitté leur lit (1).

Il faut conclure : point de sabbat; et cependant jamais pareille unanimité n'a proclamé pendant des siècles l'existence d'un fait aussi important. Des millions d'individus de tout âge, de toute condition, de toute nationalité, l'ont affirmé dans les livres, dans les discours, devant la justice sous la foi du serment, dans les supplices et jusque dans la mort. D'où vient donc ce délire infectieux, cette hallucination persistante dont tous étaient frappés?

Un mot a été inventé pour expliquer les grandes épidémies, les crises qui poussent

____

(1) *Lettres juives*, t. 1er, lettre 20.

tout un peuple à une émeute, une insurrection, l'emportent vers la guerre, le précipitent tout à coup dans des folies contagieuses. C'est, dit-on, une sorte de *mimetisme social*, qui gagne les individus et entraîne les masses; mais cette folie passe comme un coup de vent; il suffit d'un événement imprévu pour éteindre la fièvre et ramener le calme et la raison.

La sociologie, qui veut remonter aux causes, fait entrer dans son diagnostic le tempérament, la race, le climat, la densité de la population, la nature des croyances et des institutions. Toutes ces bases font défaut dans l'appréciation du sabbat, puisque la foi à ce culte est universelle, s'impose à toutes les races, à tous les gouvernements, à toutes les religions, est indépendante de toutes les églises, se retrouve plus ardente après la Réforme qu'au plus beau temps de l'Inquisition et se maintient plus vivace à Genève que dans Rome, plus profonde dans la splendeur du grand siècle qu'au milieu des ténèbres du moyen âge.

Nous abandonnons aux spécialistes ce problème qui touche à la fois à la physiologie et à la pathologie mentale et peut ouvrir à la science moderne la voie de nouvelles découvertes.

CHAPITRE V

LES SORCIERS DEVANT LA JUSTICE

Le crime de sorcellerie, qualifié par les criminalistes et les parlementaires de crime de

lèse-majesté divine et humaine, était considéré comme le plus abominable de tous les forfaits.

Tout homme, dit Pierre Nodé, doit en avoir telle horreur que la mémoire ou le nom d'iceluy luy doit faire hérisser les cheveux en la teste, grincer les dents et trembler les genoux (1).

Les cours souveraines, dans leurs arrêts et déclarations solennelles, attestent « qu'il n'y a point de crime si opposé à Dieu que celui du sortilège, qui détruit les fondements de la religion et tire après soi d'étranges abominations ». (*Requête au roi du Parlement de Rouen*, 1670.)

Le pacte avec le diable et les entreprises démoniaques étant assimilés à l'hérésie et à l'apostasie, les sorciers furent d'abord justiciables des tribunaux ecclésiastiques, l'inquisition et l'officialité (*la Justice de l'évêque.*)

La juridiction laïque revendiqua et obtint à la fin du xive siècle, à Paris, la connaissance de ce crime.

(1) PIERRE NODÉ, *Déclamation contre l'erreur exécrable des maléficiens sorciers*, etc.

Au xvi⁰ et au xvii⁰ siècle, tous les juges civils, investis du droit de haute justice, pouvaient juger les sorciers, soit en premier, soit en dernier ressort.

Cette ingérence était considérée par l'inquisition comme un empiétement et presque un abus de pouvoir. Depuis la fameuse bulle d'Innocent VIII, du 5 décembre 1484, *Summnis desiderentes*, elle se croyait investie d'une mission spéciale pour anéantir les sorciers, et, même au xvii⁰ siècle, elle tolérait avec peine la concurrence de l'autorité civile. Un des plus ardents inquisiteurs de la Franche-Comté, Desloix, réclame, en 1628 le droit exclusif de poursuivre les sorciers.

La coutume de France doit être rejetée de ce chef. Peu nous touchent les coutumes de France. Nous nous conformons à la coutume de l'Église, suivie par toute l'Espagne et toute l'Italie (1).

L'officialité était moins fougueuse; elle prêtait son concours à l'inquisition et ne retenait

(1) *Speculum Inquisitionis bisontinæ*, p. 141-142; Dôle, Anton-Binart, 1628.

guère que les causes ecclésiastiques souvent conduites avec une extrême lenteur.

En 1613, une épidémie démoniaque sévit au couvent des Brigittines de Lille. L'official fait arrêter la sœur Marie-des-Saints, principal auteur de ce désordre ; elle reste un an et demi en prison préventive.

Quelques magistrats scrupuleux craignaient d'empiéter sur les attributions de l'évêque. Le 4 avril 1618, M. Boivin, président du parlement de Dôle, écrit à l'archevêque de Besançon qu'une information est ouverte contre le sieur Chassigne, ancien curé d'Uzelle, accusé de sortilèges et de maléfices envers l'abbé Besson, qui lui avait succédé. On avait trouvé dans ses papiers une recette pour faire mourir les hommes à l'aide d'une image de cire. Le premier président demande à l'archevêque de déférer ce prêtre indigne à l'officialité pour qu'on lui inflige une punition exemplaire (1).

(1) *Archives départementales du Doubs.* (Correspondance du Parlement.)

D'autres fois, au contraire, on voit se produire des difficultés et des conflits. Pendant l'épidémie de Louviers, en 1647, le procès de la vénérable Mère Françoise provoque une lutte très longue entre l'évêque Péricard et le Parlement de Rouen, qui se disputent l'affaire. Le Parlement se déclare compétent et ordonne la prise de corps en dépit de toutes les oppositions ; il continue les poursuites, malgré les arrêts mêmes du conseil et finit par triompher (1).

Dans le ressort de Bordeaux, huit prêtres des environs de Bayonne, accusés d'avoir assisté au sabbat, et depuis longtemps en prison, protestent et demandent à être renvoyés devant le tribunal diocésain ; refus du Parlement, insistance de l'autorité ecclésiastique, pourvoi devant le conseil ; cinq prêtres s'évadent sans qu'on ose les rechercher ; les trois autres sont mis en liberté (2).

(1) FLOQUET, *Histoire du Parlement de Normandie*, t. V, p. 691.
(2) DE LANCRE, *loc. cit.*, p. 454.

En Allemagne, discussions encore plus violentes, conflits perpétuels. En 1674, un juge de Tanbach adresse une requête au duc de Gotha pour se plaindre des violences et des empiétements des ministres du culte; il le prie de calmer ce beau zèle et d'intervenir en faveur de la justice régulière (1).

Par contre, dans des affaires difficiles, ennuyeuses et compromettantes, on a vu de singulières désertions. En 1600, de Champlitte, gouverneur de Besançon, accuse de maléfices et de tentatives d'empoisonnement le comte de Sainte-Croix, petit-fils du conseiller de Grammont, et lui donne pour complice un religieux carme de Besançon, Guillaume Barroz, qui passait pour magicien. La justice de Gray commence timidement l'information et cherche à en passer le fardeau à la cour plus éclairée et plus puissante. Vu la qualité des parties, le Parlement de Dôle évoque l'affaire; mais lorsque les magistrats ont pris commu-

(1) Soldan-Heppe, *loc. cit.*, p. 331.

nication du dossier, ils sont en proie à une sorte de panique. Tous, à l'exception du président et du conseiller Laborey, veulent se récuser sous les prétextes les plus futiles. Le président insiste, fait appel aux sentiments d'honneur et de justice; la chambre finit par se constituer; mais on agissait au dehors. Le 27 octobre 1601, des archiducs de Flandre firent élargir et mettre hors de cause le comte de Sainte-Croix. Peu de temps après, le Père Barroz fut envoyé au prieur des carmes de Besançon, pour en *faire le chatoy qu'il trouvera convenable*.

On vit plus d'une fois créer des tribunaux d'exception pour instruire et juger d'importantes affaires de magie et de sorcellerie, qui intéressaient la religion, la morale publique et l'État. Malgré la résistance et les protestations du Parlement, un arrêt du conseil du 8 juillet 1634 désigne quatorze commissaires, sous la présidence de Laubardemont, pour instruire le fameux procès d'Urbain Grandier, curé de Saint-Pierre-du-Marché, à Loudun.

De 1678 à 1682, pour juger des devineresses, des magiciens, des sorciers et des empoisonneurs, parmi lesquels figuraient de hauts personnages, fonctionne, à Paris, la commission, connue sous le nom de Chambre ardente, composée de huit conseillers d'État, de six maîtres des requêtes et présidée par M. Boucherot. Le roi n'avait tenu aucun compte des réclamations du Parlement.

La sorcellerie est le plus grand souci de la justice. Les dénonciations et les plaintes affluent de tous côtés. La délation est à l'ordre du jour, encouragée par les juges eux-mêmes et surtout par l'inquisition dans les pays où elle existe encore.

Bodin, qui a formé beaucoup de disciples, recommande de mettre en usage en la recherche de ce crime si détestable la coutume louable d'Écosse, pratiquée à Milan, qu'on appelle *Indict*, c'est à savoir qu'il y ait un tronc à l'église, où il sera loisible à chacun de mettre dans un billet le nom du sorcier, le cas par lui commis, le lieu, les témoins, etc.

L'inquisiteur, par ses tournées provinciales, ses violentes allocutions, les monitoires lus en chaire, augmentait l'excitation des esprits et faisait de la dénonciation du sorcier et de l'hérétique un devoir de chrétien.

En 1659, l'inquisiteur de Franche-Comté fit publier un *significavit*, qui prescrivait, sous peine d'excommunication, de faire connaître tous ceux ou celles qu'on soupçonnait de sorcellerie.

C'est à qui déploiera le plus de zèle et fera le plus de victimes. Les parents les plus proches se dénoncent entre eux. Le frère et la sœur se sont rencontrés au sabbat. Des pères et mères font condamner leurs enfants ou sont accusés par eux.

En 1627, à Wurzbourg, le père et la mère sont arrêtés et mis à la torture, sur la dénonciation de leurs enfants, âgés de dix à douze ans. Le père, dans les tourments, confesse être allé au sabbat par pauvreté et dit que sa femme y portait un flambeau.

Dans le Wurtemberg, en 1662, grande persécution de sorciers, décrite par Dieffenbach avec mille incidents. Un enfant de dix ans, qui passait pour jouer de mauvais tours, dit à un de ses camarades :

— Ma grand'mère est une mauvaise femme, elle m'emmène avec elle pendant la nuit. Elle peut produire des souris, des chenilles et des puces.

Le propos est répété, la justice informe ; on interroge l'enfant qui maintient son dire. Ordre d'arrêter la vieille sorcière. Elle s'enfuit et se cache dans les bois. On trouve quelques jours après, dans les broussailles, son cadavre à moitié dévoré par les bêtes fauves.

Claudon, femme Demange, de Bar, accuse sa fille, qui, reconnue coupable, est suppliciée à Toul, en 1621 (1).

Les prêtres et les magistrats ne sont pas épargnés. A Wurzbourg, en 1628, un enfant de douze ans, Jacob Russ, de Fulda, signale et fait condamner plusieurs prêtres, qu'il pré-

(1) DUMONT, *Justice criminelle des duchés de Lorraine et de Bar*, p. 34.

tend avoir vus au sabbat. Dans la prévôté de Lamarche, en 1608, le sorcier Thomas Gaudet, croyant y trouver un moyen de salut, accuse tout le personnel de la justice, depuis le procureur général de Bossigny, jusqu'au greffier.

A Besançon, deux sorciers dénoncent l'inquisiteur lui-même comme un des habitués du sabbat.

Des mécontents et certains maléficiers se font justice eux-mêmes.

En 1694, écrit Pierre-Thomas du Fossé, dans ses *Mémoires*, il était venu s'établir dans la paroisse du Fossé une bande de misérables vachers, qui usaient souvent de maléfices pour faire mourir les bestiaux, et sur les moindres sujets de dispute se vengeaient des gens par la mortalité qu'ils envoyaient au milieu de leurs chevaux et de leurs vaches. L'un de ces misérables, ayant eu un différend avec un gentilhomme de la paroisse du Fossé, nommé de Bretteville, usa de maléfices contre ses bestiaux, et luy fit mourir ce qu'il avait de plus belles vaches. Comme l'autorité ecclésiastique refusait de lui venir en aide, ce gentilhomme alla chercher, à sept ou huit lieues de là, un homme fort extraordinaire qui se vantait d'avoir une bulle du pape, en vertu de laquelle il prétendait être autorisé pour découvrir les sorciers. De Bretteville amena cette

sorte de devin qui luy fit connaître fort promptement
ceux qui avaient causé la mortalité de ses bestiaux.
Ce gentilhomme, se faisant aussitôt justice, prit avec
luy deux de ses amis, alla se saisir de ces misérables,
les lia, les amena en sa maison, et en présence du
devin, les soumit à la question pour les obliger à confesser la vérité et à lever le sort qu'ils avaient jeté
sur ses bestiaux. Tant qu'on ne frappa ces malheureux
qu'avec des bâtons d'un bois ordinaire, il semblait que
ce ne fût pas sur leur corps qu'on donnait des coups,
tant ils étaient insensibles. Mais le devin, ayant averti
qu'ils sentiraient les coups de bâton de sureau ou de
vigne, d'abord qu'on eut apporté de ces bâtons et
qu'on eut commencé de les en frapper, ils criaient
comme si on les eût écorchés. Enfin, après qu'on leur
eut fait souffrir mille maux pendant toute une nuit,
on les mit entre les mains de la justice, sans toutefois
que le gentilhomme voulût se rendre partie, car il
avait déjà fait d'assez grandes pertes sans s'exposer à
perdre encore bien de l'argent pour les faire prendre.

Le crime de sorcellerie étant un crime excepté, la procédure, en cette matière, est dis-
pensée des règles ordinaires. Il suffit aux juges
d'avoir un peu de clairvoyance et d'énergie,
des aides vigoureux et un bon outillage de
torture. Del Rio, Menochius, Julius Clar, Bo-

din, etc., posent en principe que dans les crimes atroces et secrets il est permis de violer les règles du droit commun, que l'ordre de ces procès est de n'en observer point.

L'inquisition dépassait toutes les bornes.

Les cardinaux de la congrégation de l'Office s'en émurent à Rome, et, le 4 septembre 1657, ils adressèrent aux inquisiteurs, et en particulier à celui du comté de Bourgogne, une longue mercuriale qui débute ainsi :

L'expérience, preuve infaillible de toutes choses, nous rend évident qu'une infinité d'abus se commettent tous les jours en l'instruction des procès de sortilège, au grand préjudice de ceux et de celles qui en peuvent être recherchés. Jusques-là que de très longtemps on a reconnu en cette sacrée congrégation contre l'hérésie, qu'à peine un seul procès a esté formé et instruit juridiquement sur ces matières. En sorte qu'il a fallu souvent témoigner à plusieurs inquisiteurs les ressentiments de ce Saint-Office sur les injustes vexations, recherches, emprisonnements et autres méchantes procédures, tant aux interrogatoires et instructions de ces procès, qu'aux excès commis dans la question par les tourments. D'où plusieurs sentences injustes se sont ensuivies, tant du dernier supplice que d'abandonnement au bras séculier.

Les juges se trouvent souvent fort embarrassés. Une terrible épidémie éclate à Salins au commencement du xvii* siècle. Après avoir lu les savants ouvrages des derniers démonologues en français et en latin, le représentant du seigneur justicier, dont nous avons déjà parlé, l'avocat Daniel Romanet, n'est pas encore fixé sur la marche à suivre.

Il craint de commettre des irrégularités et de condamner des innocents. Il prie Boguet, le grand juge, la lumière du comté de Bourgogne, de le diriger et de l'éclairer. Il reçoit un petit code en 71 articles, devenu célèbre (*Instructions pour un juge en faict de sorcelerie*). Voici le commencement de ce guide, qu'on peut recommander aux jurisconsultes.

Article Ier. — Le juge Lay, en ce païs, peut seul cognoistre des sorciers quand il y a intervention de faict. La cour l'a ainsi déclaré le 28 de septembre 1598. Ce qui s'observe aussi pour le jourd'huy en France au rapport de Papon.

Article II. — Le crime de sorcellerie est un crime excepté, tant pour l'énormité d'iceluy, que pour ce qu'il se commet le plus souvent de nuict, et toujours en secret. Et pour autant le jugement en doit estre traicté extraordinairement, et ne faut pas y observer l'ordre de droit, ny les procédures ordinaires.

Article III. — Le juge doit recognoistre si les présomptions et conjectures sont suffisantes pour procéder à un emprisonnement contre l'accusé; car l'on ne peut bailler une règle certaine en cecy (1), etc.

Les présomptions et les indices, laissés à l'appréciation du juge, peuvent servir de commencement de preuves et décider du sort de l'accusé.

Un démoniaque peut se trahir par sa physionomie et ses allures. En 1644, sont arrêtés comme sorciers par des paysans, et conduits à la conciergerie du Parlement de Bourgogne, quatorze individus de mauvaise mine. Celui-ci était louche, celui-là avait les yeux hagards; d'autres dévisageaient les gens, comme s'ils voulaient leur jeter un maléfice. La justice fit son choix, garda les uns et renvoya les autres, sans doute ceux qui regardaient moins de travers.

(1) HENRY BOGUET, *Discours des sorciers, avec une instruction pour un juge en faict de sorcellerie*, p. 168. — Jean Pillehote, Lyon, 1602.

Jean Daniel, de Rottenbuch, un devin qui eut beaucoup de succès en Allemagne, reconnaissait les sorciers à leur figure. En 1624, il en fit arrêter deux cent quinze, de différents endroits (1).

Il eut un émule en France, le Petit Prophète de Bourgogne, dont nous parlerons bientôt.

La mauvaise renommée et le bruit commun sont des charges sérieuses. En 1644, Jeanne Barbier est condamnée au bannissement à perpétuité par la châtellenie de Saint-Genis, sur le bruit qu'elle était sorcière. Appel devant le Parlement de Bourgogne, grande discussion dans la chambre du conseil. L'avis motivé de certains conseillers a été reproduit par d'Autun. L'opinion de ceux qui demandent des preuves moins fragiles finit par triompher : l'accusée est renvoyée des fins de la plainte (2).

S'être laissé appeler publiquement sorcière et *genaulche*, sans avoir jamais protesté, est un des principaux griefs relevés contre Made-

(1) DIEFFENBACH, *loc. cit.*, p. 108.
(2) D'AUTUN, *loc. cit.*, p. 485.

leine Brott, dite la Chaillotte, brûlée à Vesoul en 1626; contre Jeannette Larget, veuve de Jean-Vincent de Saponcourt, exécutée au même lieu en 1629 (1), et Marie Vilain, femme de Denis Baud, condamnée par la justice d'Avannes au bannissement, en 1610.

Marie Vilain avait, en outre, de très grand matin, le jour de la Circoncision de 1607, tourné autour de l'église d'Avannes à reculons (2).

Etre fils de sorcier, avoir un enfant non baptisé, porter un chapelet incorrect, prononcer mal ses prières, il n'en faut pas davantage pour démontrer une entente et des communications avec le diable.

En 1626, à Lohr, en Bavière, une jeune fille de seize ans fut amenée devant la justice et soumise à la torture comme enfant de sorcier.

Le juge doit s'informer des habitudes des accusés et faire des perquisitions minutieuses à leur domicile. Indices graves : rôder la nuit

(1) Archives départementales de la Haute-Saône, B. 5057.
(2) Manuscrit de la bibliothèque de la ville de Besançon.

auprès des gibets, ramasser les cheveux des suppliciés, prendre les cordes qui les attachaient, porter sur soi des dents et des os de morts, fouiller la nuit dans les tombes. La présomption augmente si on découvre dans la maison de l'accusé des herbes vénéneuses, des boîtes de poudres, de graisse, d'onguents inconnus, des images de cire, des lames de cuivre et de plomb, des caractères et des mots cabalistiques, des livres et des instruments de magie, etc.

Il faut visiter avec soin les lits suspects, pour s'assurer si l'on n'a pas glissé dans la plume ou la laine des clous, des aiguilles, de petits chiffons, employés pour sortilèges. Boguet consacre à ce sujet l'article 7 de ses instructions à Daniel Romanet.

La preuve testimoniale offre plus de garanties ; mais, vu la nature du crime, un seul témoin suffit, quand il en faut au moins deux en matière ordinaire. Tous les témoins peuvent être admis, même les criminels et les infâmes. L'âge et le degré de parenté ne font jamais obstacle. Les plus proches parents peuvent s'accuser entre eux.

Le traducteur français de la *Cautio criminalis* de Spée, le médecin Bouvot (de Vellédor) raconte dans l'*Avis préliminaire* une histoire lamentable qui s'est passée, dit-il, « il y a peu de mois, dans une ville assez remarquable de la Franche-Comté ». Deux jeunes mendiants frère et sœur, âgés, le petit garçon de douze à treize ans, la petite fille de dix à onze, sont appelés comme témoins. Effrayés par des menaces, puis gagnés par des promesses, ils font condamner leur mère comme sorcière. Plus tard, ils reconnaissent devant un religieux et un officier que leur mère était innocente et qu'ils l'ont accusée pour avoir du pain (1).

Les dépositions des témoins peuvent être corroborées par une preuve matérielle : la constatation médico-légale de la marque du diable. On revêt l'accusé, sorcier ou sorcière,

(1) *Advis aux criminalistes sur les abus qui se glissent dans les procès de sorcellerie*, par le P. M. S. J., théologien romain, mis en français par de Vellédor (*Advis préliminaire*). Lyon, Claude Prost, 1660.

d'une chemise neuve, dont le prix est quelquefois relevé dans les états de frais de justice. On lui bande les yeux, puis rasé par tout le corps, pour qu'il ne reste aucun refuge à l'esprit malin, il est étendu sur une longue table. Pour aller plus vite, on brûle quelquefois les parties velues avec une chandelle. Un chirurgien, assisté du magistrat instructeur, fouille profondément les chairs avec une aiguille, dont la longueur est indiquée dans les procès-verbaux. S'il découvre un endroit insensible, c'est la marque du diable.

A défaut de médecin, dans les petites localités, l'exécuteur des hautes œuvres, les personnes viles, le tondeur de chiens, l'écureur d'égouts, autorisés par brevet, peuvent faire l'opération et donner leur avis. Occasion d'ignobles railleries, d'attouchements obscènes, de criminelles tentatives. De Spée, dont la véracité n'est pas douteuse, raconte d'odieux attentats commis à ce sujet (1).

(1) *Advis aux criminalistes*, etc., p. 129 (Doute XXV, p. 243 et 244 *Cautio criminalis*, traduite par de Vellédor).

De malheureuses femmes, ne pouvant souffrir d'être ainsi outragées, se débattaient de toutes leurs forces, poussaient des cris, imploraient la pitié du juge et du médecin ; mais toute résistance était vaine. Il fallait éclairer la justice. Les visites et les constatations tiennent une place importance dans les procès de sorcellerie. La marque du diable, d'où le scalpel ne pouvait tirer une goutte de sang, rendait le sujet insensible, il ne poussait aucune plainte, quelquefois même il riait au milieu des supplices ; c'était le *Charme de taciturnité*, nouvelle preuve de la présence de Satan. Ces signes diaboliques ne sont-ils pas ce que la science médicale de nos jours appelle : *hémi-anesthésie hystérique, anesthésie totale?* Ils mériteraient une étude spéciale, mais le cadre que nous nous sommes tracé ne nous permet de donner que quelques indications.

En 1624, au bailliage de Vesoul, confirmation d'une sentence de mort, rendue par la justice seigneuriale d'Athesans, contre Madeleine Brotte, dite la Chaillote de Saint-Georges, pour nombreux faits de sortilège. L'accusée, après divers interrogatoires, est confrontée avec les témoins, visitée soigneusement et piquée en divers endroits. Le juge fait les constatations suivantes :

Pendant ses responses et le confront d'icelle faict des témoings, n'avoir pu jamais pleurer, ni jetter aulcune larme, quoyque à ce elle se soit forcée, quelque remontrance et doux admonestement que luy ayt esté faict. Pour à sa réquisition ayant été visitée par chirurgiens et gens expers, choysis une partie à sa part et en présence de ses procureurs, et aultre suffisant nombre de témoings, avoir esté treuvée marquée de marque invisible et de sortilège, recogneue et avérée pour telle par tous les susdits et les dénommés au besogné dudit procureur, dans les meuscles fessiers du costé droit, dans laquelle marque y est entré une épingle de la longueur de quatre doigt et du pourtrait qui est en marge dudit besongné, y estant entré la dicte aiguille entièrement, que l'on ne l'a pu aulcunement retirer, quelque debvoir que les chyrurgiens ayent faict, et demeurée comme elle est encore esdites fesses sans avoir, ladicte deffenderesse, démonstré aucun ressentiment de douleur par tout le temps de la dicte visite, ny après icelle, quand elle a esté ouye en ses responses, et recogneu audit endroyt et marque, n'y avoir aulcun sang ny humeur, au contraire, avoyr déclaré ladicte deffenderesse qu'elle n'y sentoit rien, et qu'elle n'estoit marquée, bien sentoit de la douleur en d'autres endroits de son corps où elle avoit estée picquée, et en sortoit du sang (1).

Des prêtres respectables, calomniés par des folles, ont subi l'humiliation de cette honteuse visite. Une page des *Mémoires de Foucault* (nommé en 1689 intendant de la généralité de Caen) contient toute une révélation :

Le sieur de Glatigny, lieutenant criminel d'Avranches, le 14 décembre 1694, a fait arrêter un prêtre, une femme et une fille, auxquels il fait le procès comme sorciers. Sur la représentation de la procédure, j'ai trouvé la preuve fort légère. J'ay même parlé aux accusés, en présence de Mᵍʳ l'évêque d'Avranches (2), et nous avons appris que la fille étoit d'un esprit foible et d'une réputation qui n'étoit pas entière. On prétendoit qu'elle étoit devenue enceinte du fait d'un cavalier, et que, pour sauver son honneur, elle disoit qu'elle avait été ensorcelée et corrompue au sabbat par ce prêtre qui avoit soixante ans. Le prêtre a tout méconnu, et le sieur de Glatigny l'a fait dépoiller tout nu et lui a fait enfoncer des aiguilles

(1) Archives départementales de la Haute-Saône, B, 5056.
(2) M. Huet. Il avait, en 1689, remplacé Gabriel-Philippe de Froulay de Tessé, cousin de Mᵐᵉ de Sévigné.

dans toutes les parties du corps pour chercher la marque insensible. J'ay informé M. le chancelier de cette belle procédure, et en attendant ses ordres, j'ay fait surseoir à cette instruction qui se faisoit à grands frais aux dépens du roy...

M. Claude Pellot, premier président du Parlement de Normandie, dont nous parlerons plus tard au sujet de la *Réaction*, indigné de certains procès jugés sous ses yeux, avait appelé l'attention de Colbert. Un passage d'une lettre remarquable qu'il lui adressa le 10 juillet 1670 (1) fait allusion à la marque diabolique et constate la révolte et les protestations de certains accusés.

Je crois que vous ne serez pas marry que je vous rende compte d'un jugement qui a esté rendu aujourd'huy par la chambre des Tournelles de ce Parlement, parce qu'il est de conséquence et peut avoir des suites. L'on y a condamné un homme et deux femmes comme convaincus de sortilège, et l'on a confirmé les sentences des juges des lieux données contre eux, qui les condamnent à estre pendus et ensuite bruslés (2).

. . . .

(1) Bibliothèque nationale; *Mélanges*, Clairambault.

(2) Dispositif de la sentence rendue au présidial de Carentan, le 20 mai 1670, au rapport de M. Gomair Morel.

Pour l'homme, outre les preuves qu'il y a contre luy d'avoir été au sabbat, qui résultent seulement des dépositions de ces jeunes garçons, il y a des preuves de maléfice qui sont qu'en menaçant des gens qui lui avoient fait quelque chose, ils sont tombés dans des maladies qui les ont fait languir longtemps; de plus, on prétend qu'il y a à la tête une marque insensible, laquelle ayant esté piquée par des aiguilles, il n'a témoigné aucun sentiment, quoique ayant été piqué dans d'autres parties du corps, il ayt paru avoir ressenty ces piqûres, suivant qu'il appert par le procès-verbal du juge de lieux.

L'homme est un paysan, âgé de soixante-quinze ans; l'une des deux femmes a soixante-dix ans, et l'autre cinquante ou cinquante-cinq, qui vivoient doucement et avoient quelque bien dans leur ménage, dont l'une n'est point accusée d'avoir jamais fait mal à personne. Elles n'ont rien avoué, non plus que l'homme devant le juge des lieux, ni sur la sellette à la Tournelle, et ont parlé fort raisonnablement, disant aux juges qu'ils étoient trop gens de bien et gens de justice pour les condamner sur la déposition de cinq jeunes gens qui ne sçavoient ce qu'ils disoient, et ont la cervelle renversée, qui croient ce qu'ils ont resvé et vu en dormant; que si cela avoit lieu, personne n'auroit sa vie en sûreté. Et l'homme a ajouté, touchant sa marque insensible, qu'il a fort bien senty quand on l'a piqué en cet endroit-là; que le greffier n'y a pas pris garde et qu'il a écrit ce qu'il a voulu; que si on le vouloit visiter de nouveau, l'on verroit qu'il ne manquoit pas de sentiment en cet endroit-là.

De quatorze juges, il y en a eu huit de l'avis où il s'est passé, et six autres à différer le jugement jusqu'à ce que l'on eût de plus grandes preuves.

La partie la plus importante de la procédure est l'interrogatoire. Boguet donne ce conseil :

Le juge doit bien adviser à la contenance que l'accusé tient en respondant, et même, s'il ne jette point de larmes, regarde contre terre. S'il marmotte à part soy, s'il use de blasphèmes et imprécations, etc. Pour ce que toutes ces choses servent d'indices, et présomptions contre luy. (*Instruction pour un juge en fait de sorcellerie*, art. 10.)

Si l'accusé invoque un alibi, il n'en faut tenir aucun compte, le diable pouvant transporter en un instant les sorciers d'un lieu à l'autre et les rendre invisibles.

L'aveu doit être obtenu de gré ou de force. Il forme à lui seul une preuve complète et suffit pour la condamnation. Comme tous ses prédécesseurs en démonologie, Adam Lauterbach, professeur de jurisprudence à Tubingen, et directeur du consistoire de Stuttgart, enseignait, à la fin du xvii⁰ siècle, qu'une sorcière peut être condamnée à mort sur son simple aveu, bien qu'elle n'ait causé aucun mal (1).

Une fois enregistré, l'aveu ne peut plus être utilement rétracté. En 1604, à Vézelise, quatre sorcières d'Ollecourt étaient conduites au supplice, après avoir confessé leur commerce avec le diable. Une d'elles revint sur ses aveux, il fallut la ramener. Peu de jours après, non seulement elle eut le même sort que ses compagnes, mais elle eut, en outre, la langue percée avec un fer rouge, pour avoir, par une rétractation mensongère, tenté de tromper la justice (2).

Tout est permis contre les prévenus récalcitrants : les ruses, les supercheries, les menaces, la contrainte et la violence. Le juge a plein pouvoir pour faire parler l'accusé : il peut lui promettre des adoucissements, et même lui faire espérer sa mise en liberté.

---

(1) *Consil. jurid. Tubingen*, t. IV, p. 165.
(2) Dumont, *Justice criminelle des duchés de Lorraine et de Bar*, t. II, p. 54.

En Allemagne, un inspecteur très habile allait causer familièrement avec les prisonniers, recevait leurs confidences, et se faisait ensuite assigner comme témoin pour les confondre. La Faculté de Strasbourg, consultée à ce sujet, émit un avis favorable, appuyé sur le caractère particulier du crime de sorcellerie (1).

Si l'accusé ne veut rien avouer, dit Bodin dans sa *Démonomanie* (liv. IV, *in fine*), il faut lui faire croire que ses compagnons prisonniers l'ont dénoncé, encore qu'ils n'y aient songé, et alors, pour se venger, il rendra peut-être la pareille. Tout cela est licite de droit divin et humain.

Des juges introduisaient, dans la chambre où l'on devait donner la question, des personnes qui poussaient des cris déchirants, comme si elles enduraient les plus horribles supplices. Presque toujours, l'accusé, saisi d'épouvante, se décidait à avouer.

Boguet recommande la prison :

(1) Soldan-Heppe, *loc. cit.*, t. 1, p. 336.

Si le juge ne peut rien tirer de l'accusé, il le doit faire resserrer en une prison fort obscure et estroite, parce que l'on a expérimenté que la rigueur de la prison contraint le plus souvent les sorciers de venir à confession, mesmement si ce sont jeunes gens. (*Instructions pour un juge en fait de sorcellerie*, art. 17.)

Si le moyen est insuffisant, on peut ajouter les chaînes aux pieds et aux mains, la privation de nourriture, de repos et de sommeil.

On recourait dans certains pays à l'épreuve de l'eau, ordalie empruntée aux temps barbares.

Chez les sauvages et les peuples primitifs, lorsque les juges criminels étaient dans l'embarras, ils soumettaient le prévenu à des épreuves qui devaient décider de son sort : boissons empoisonnées, eau bouillante dans laquelle il fallait plonger le bras, etc. Si le patient ne manifestait aucune douleur, ou s'il échappait au danger, il était réputé innocent.

Dans les tribunaux indiens, on pratiquait l'épreuve dite du Vaïcya. L'individu suspect plongeait le temps nécessaire pour lancer et aller chercher une flèche. Chez les anciens Germains, on liait les bras et les jambes de l'accusé, et on le jetait dans un fleuve ou dans un lac. S'il reparaissait tout de suite à la surface, il était déclaré coupable et condamné. Cette épreuve était fréquente en Pologne. Au moyen âge, elle a pénétré un peu partout dans les poursuites dirigées contre les hérétiques et les sorciers. On lit dans le remarquable ouvrage de M. Tanon sur l'histoire des tribunaux de l'inquisition en France :

La foi dans l'ordalie était, à cette époque, trop générale et trop profonde pour que le clergé ait pu séparer entièrement, sur ce point, sa croyance de celle du peuple, et ne pas partager sa superstition dans une large mesure (1).

La justice avait adopté cette pratique, surtout en Allemagne. Le président Le Loyer, dans son *Discours des spectres*, regrette qu'elle soit désapprouvée par les parlements. Il blâme seulement le zèle aveugle du peuple, qui, sans

(1) H. TANON, *Histoire des tribunaux de l'inquisition* p. 206.

permission du magistrat, massacre comme coupables ceux qui ont surnagé.

En 1605, une nommée Guyon, condamnée comme sorcière, au bailliage de Gray, avait déclaré avoir pour complices Didier, Nicolas et Hugues Desmoulins, ses trois neveux. Didier fit des aveux et fut brûlé; Nicolas et Hugues, qui protestaient de leur innocence, furent soumis à l'épreuve de l'eau.

A la Martinique, en 1657, une malheureuse femme, réputée sorcière, fut soumise à cette épreuve dans des circonstances ainsi racontées par d'Autun :

Un chirurgien, Italien de nation, proposa de la baigner, ainsi qu'il l'avait vu pratiquer en Allemagne, et le juge, sans prendre conseil sur une chose qui est défendue par les lois ecclésiastiques et civiles, y consentit, et l'Italien, qui fit plutôt l'office de bourreau que de chirurgien, luy attacha les deux pouces aux deux gros orteils, et l'ayant liée par le milieu du corps d'une grosse corde, que l'on tenoit des deux costez de la rivière, elle fut précipitée dans l'eau à l'endroit qui estoit le plus profond, où elle flotta comme un ballon, sans jamais pouvoir enfoncer. Plus de deux cents personnes, qui estoient présentes à ce spectacle, la vou-

lurent retirer; mais le chirurgien envoya un petit garçon qui, luy ayant attaché une aiguille à coudre dans
les cheveux, elle enfonça aussitôt, et demeura au
fond de l'eau quelque espace de temps où l'on voyait
cette femme sans se remuer, et même sans avaler
une goutte d'eau; ce qui est si vrai que lorsqu'elle fut
retirée, on fut contraint de luy en donner à boire pour
apaiser sa soif; ces trois circonstances, de ne pouvoir,
étant liée, aller au fond, d'enfoncer par l'aiguille que
l'on fit attacher à ses cheveux, et de respirer au milieu de cet élément sans en avaler une goutte, sur-
prirent tellement le juge, que, sur ces indices et sur
les dépositions des témoins, il se résolut de la condamner le jour suivant à la mort. Dans cet intervalle,
le chirurgien romain s'avisa de lui donner la question
à sa mode, en lui appliquant des flambeaux allumés
aux côtéz et aux flancs, avec tant de cruauté que la
mesme nuict la misérable mourut; tout le monde
blâma le procédé du juge, et l'on en fit des plaintes au
gouverneur, comme d'une chose dont la pratique étoit
très dangereuse et inusitée, en France (1).

Le même auteur met en scène un berger de
Bourgogne, appelé le *Petit Prophète*, qui avait
le don de reconnaître les sorciers. Quand il
avait un léger doute, il leur faisait subir

<hr>

(1) D'AUTUN, *loc. cit.*, p. 136-137.

l'épreuve de l'eau ou du feu, et, par sa clairvoyance, son ardeur impitoyable et ses fourberies, il était devenu l'un des grands pourvoyeurs de la justice. Nous ne retiendrons que les détails les plus frappants. Après des considérations générales sur l'ignorance et la crédulité du peuple, d'Autun raconte ce qui suit :

En 1644, un jeune garçon, nommé Muguet, de Champagne, sur la rivière de Vingenne, s'érigea en prophète et n'était connu que sous le nom de *Petit Prophète* par la croyance que l'on donnait à ses prédictions, plus funestes que celles de Cassandre. Il était serviteur d'un villageois, duquel il conduisait le bétail; mais, comme dédaigneux d'un si vil emploi, il essaya d'insinuer secrètement dans l'esprit de ses semblables que la perte des blés et des vins par la gelée était un effet des sortilèges, que Dieu lui avait fait la grâce de connaître, et qu'il avait une vertu particulière pour découvrir les sorciers, auteurs de tous les malheurs dont la Bourgogne était pour lors affligée. Ce fut assez d'avoir imprimé cette opinion dans l'esprit de quelque idiot, pour faire accroire à tous les villageois de la contrée que Dieu avait suscité un nouveau prophète pour exterminer les sorciers du pays. Il n'était point de village qui ne consultât ce maraud pour se défaire de ceux qu'il soupçonnait d'avoir fait geler les vignes. Les procureurs d'office, autant pour leur intérêt que pour un zèle de bien public, contraignaient tous les habitants de comparaître devant ce faux prophète, assis au milieu d'une table, un greffier à ses côtés, pour inscrire ceux qu'il désignait, et de l'autre le procureur d'office qui le poussait du coude et du pied pour indiquer ceux qu'il devait accuser comme sorciers; on les y appelait au son de la cloche, et ceux qui ne s'y trouvaient pas au jour désigné étaient condamnés à 3 livres 5 sols d'amende, outre le mauvais bruit et la tache d'infamie qu'ils encouraient par leur absence que l'on jugeait préméditée pour éviter le jugement du *Petit Prophète*. A la vérité, ces choses sont surprenantes; mais je les ai fidèlement tirées de l'extrait du commissaire qui a fait les informations.

Viennent ensuite des comparaisons historiques de peu d'intérêt. L'auteur continue :

Les extravagances du *Petit Prophète* n'étaient pas moindres et leurs suites plus dangereuses, puisqu'elles coûtaient la vie à plusieurs; car ce rustre, dans toutes les paroisses, s'érigeait en tribunal de justice, où ses paroles et ses gestes étaient reçus comme des oracles. Un notaire ou greffier de village, en présence du procureur d'office, écrivait le nom de ceux qu'il disait être sorciers : la conclusion de leur crime dépendait du mouvement de sa langue, et ses yeux étaient les juges qui en faisaient la découverte. Il est vrai que le discernement de ces prétendus sorciers procédait plutôt par les signes des fermiers ou des procureurs d'office, qui regardaient ces innocents comme la proie de leur cruelle avidité; l'un deux se vanta d'avoir dit à ce faux prophète que les plus riches d'un tel village étaient sorciers.

D'Autun décrit le trouble apporté par ces prétendues révélations, le doute qu'elles faisaient naître dans les esprits sensés et les réflexions qui en étaient la suite.

Il cite plusieurs faits qui prouvent que le procureur d'office N... s'entendait avec le *Petit Prophète* pour trouver le signe diabolique chez les gens les plus riches, dont les biens étaient confisqués. Ce magistrat (sans épithète) fut assez habile pour échapper aux représailles dont il était menacé.

La même année 1644, un capucin qui venait de prêcher le carême à Saulieu, pris d'une attaque de goutte, retournait à son couvent dans une charrette. En passant à Viésouty, village situé à trois heures de marche de Saulieu, il fut surpris de voir les deux côtés de la rivière bordés de paysans, et sur le pont, un individu qui se débattait dans les bras de trois ou quatre forcenés, se disposant à le jeter à l'eau. Le religieux ayant voulu intervenir, on l'appela sorcier déguisé, les capucins allant toujours à pied. Des bras se tendaient pour l'enlever de la voiture; il eût sans doute été précipité dans la rivière, si le cheval effrayé ne fût parti à toute vitesse.

L'épreuve de l'eau était une exception; mais la torture à tous les degrés était autorisée par loi, sur de simples indices. Elle comprenait : la question préparatoire, qui avait pour but de contraindre l'accusé à faire des aveux, et la question définitive, infligée au condamné avant l'exécution de la peine de mort, pour qu'il révélât le nom de ses complices. La question était ordinaire ou extraordinaire, c'est-à-dire plus ou moins violente, à la volonté du juge. « La question, dit La Bruyère, est une invention merveilleuse et tout à fait sûre pour perdre un innocent qui a la complexion faible, et sauver un coupable qui est né robuste. » Un inquisiteur disait à un prince que si le pape tombait dans ses mains, il le forcerait d'avouer qu'il est sorcier (1).

On commençait, en général, par les poucettes, qu'on appelait *grésillons*, en Lorraine et dans le comté de Bourgogne. En 1611, Jean-Jacques Gérardin de la Bourelle, les doigts broyés par les *grésillons*, confesse « que Martin Persin lui est apparu en fantôme, l'a touché à l'épaule, pincé au front, et lui a donné des poudres » (2).

Viennent ensuite la sellette, l'échelle, les tenailles, les pinces rougies au feu, le supplice de l'eau, l'étau, les brodequins, le collier, l'estrapade, le chevalet, etc.

La sellette et l'échelle étaient si fréquentes qu'il serait difficile, en citant des exemples, d'éviter des répétitions fastidieuses. Le juge, à la suite, enregistrait presque toujours des aveux :

J'ai vu dans ma jeunesse, dit Meyfart, des hommes

(1) Sprée, *Cautio criminalis.*
(2) Dumont, *loc. cit.*, p. 51.

d'une force herculéenne, qui, descendant de l'échelle, disaient qu'ils aimeraient mieux mourir dix fois que supporter à nouveau pareil supplice (1).

On cite comme une merveille Claudette, fille Jehennon Marchal, de Moyennont, qui, en 1613, supporta l'échelle sans vouloir rien avouer.

En Allemagne et en Hollande, comme en France et en Espagne, les pinces, les tenailles et les étaux n'étaient pas négligés.

Anna Schmeck, femme de Wildensain, accusée d'avoir initié trois enfants à la sorcellerie, en 1652, bien qu'âgée de quatre-vingt-dix ans, est tenaillée au moyen de *krebbs* (écrevisse). Dieffenbach cite une foule d'exemples pareils, de 1626 à 1631 (*Procès de sorcellerie*, p. 97, 129, 130 et suiv.). Soldan-Heppe s'appesantit également sur ce genre de torture. En Westphalie, une malheureuse femme y est soumise vingt fois, et chaque séance dure de trois à quatre heures. A Baden-Baden, en 1628, une autre sorcière est tenaillée douze

(1) MEYFART, *Réflexions chrétiennes*, ch. XVII, p. 4 et 9.

fois et laissée cinquante-deux heures sur le siège de la torture, à moitié morte (1).

En Hollande, après avoir subi les tenailles vingt-quatre fois, un accusé fut exposé aux guêpes et aux souris, eut des bandes de chair enlevées jusqu'aux os. Le bourreau, n'en pouvant plus, demanda du repos, le bourgmestre le remplaça.

Jacques Cornil et son fils, horriblement torturés pendant plusieurs jours, sont mis neuf fois à l'étau, puis on brûle sur leur corps quatre mesures de liquide inflammable. On pose sous leurs pieds des charbons ardents, si bien que la plante des pieds se détache; l'un reste six jours sans rien manger, après quoi on lui donne du hareng salé, et on l'empêche de boire. On apporte des souris qu'on lui met sur la poitrine nue, après les avoir échauffées et excitées, puis on l'entoure de guêpes et d'abeilles.

On ajoute deux autres supplices révoltants qu'on ne peut décrire. Le père meurt dans

____

(1) Soldan-Heppe, *loc. cit.*, t. 1er, p. 357.

d'atroces souffrances entre les mains du bourreau ; le fils est écartelé (1).

En Bretagne, le patient était placé les jambes nues sur une chaise de fer et, par degré, rapproché du feu.

Il y avait aussi les trépieds à demi rouges : « pour faire asseoir, dit Nicolas, de pauvres femmes idiotes, accusées de sortilèges, macérées d'une prison effroyable, chargées de fers et de menottes, à demi pourries dans les ordures d'un crotton puant et obscur, décharnées et à demi mortes » (2).

Le supplice de l'eau faisait contraste avec les fers rouges et les charbons ardents. En la question ordinaire, on passait sous les cordes, auxquelles étaient attachés les pieds de l'accusé, un tréteau qui donnait une plus grande extension au corps, et en cet état, on lui faisait boire quatre potées d'eau. En la question extraordinaire, on passait un tréteau plus élevé sous les mêmes cordes, et

(1) DIEFFENBACH, *loc. cit.*, p. 159.
(2) AUGUSTIN NICOLAS, *loc. cit.*

on lui faisait boire quatre autres potées d'eau.

Le prêtre Gilles Davot fut soumis à ce genre de question par la Chambre ardente, en 1679. Le premier pot de l'ordinaire ne lui arracha que des cris de douleur. Aux deux derniers, il fit quelques aveux; mais il était tellement enflé que le médecin ordonna de lui laisser un peu de repos. Dès qu'il fut remis, on le plaça sur un matelas près d'un grand feu; il subit les quatre pots de l'extraordinaire et, cette fois, il fit des aveux complets (1).

Le brodequin était plus souvent employé. La jambe de l'accusé était placée entre deux scies, ou bien entre deux planches serrées avec des cordes et, entre la jambe et les planches on enfonçait des coins à coups de maillet. La jambe serrée finissait par éclater.

D'après Imbert (livre III, chap. xiv), c'était le moyen de torture le plus ordinaire en Poitou. Il avait également beaucoup de succès à Paris et dans toute la France.

(1) Bibliothèque de l'Arsenal.

16

En 1635, pendant le procès des possédées de Loudun, le prêtre Urbain Grandier fut soumis à la question du brodequin. Le premier coup de maillet lui brisa les jambes. Il poussa un tel cri que le bourreau recula. Le moine Lactance, qui l'assistait, lui dit de faire son devoir jusqu'au bout. Le bourreau se remit à la besogne; on entendit les os craquer. Grandier s'évanouit; revenu à lui, il déclara qu'il n'était pas coupable de magie. Le bourreau, les larmes aux yeux, lui montra alors quatre coins qu'il allait être obligé d'enfoncer. « Mon ami, lui dit Grandier, vous pouvez en mettre un fagot. » Huit coins furent placés. L'exécuteur n'en avait pas et dut aller en chercher. Laubardemont, qui surveillait l'opération, lui dit d'en mettre deux autres; le bourreau ne put y parvenir. Les jambes du supplicié étaient broyées, et des esquilles d'os sortaient de toutes parts. La torture avait duré trois quarts d'heure. On coucha Grandier sur de la paille. A quatre heures, on le conduisit sur une charrette devant l'église de Saint-Pierre, où il fut brûlé, après avoir fait amende honorable.

Jugée par la même chambre, au mois de juin 1679, la Chéron subit la même épreuve.

Souvent, en Allemagne, on ajoutait aux *brodequins* d'autres genres de torture. Wachter, dans son *Histoire de la sorcellerie*, parle d'un accusé à Bamberg qui, après avoir eu les poucettes et les brodequins pendant trois heures et demie, resta plusieurs heures suspendu à huit pieds du sol. Quand cet horrible moyen n'avait pas produit tout son effet et que l'accusé hésitait encore à faire des aveux, on faisait couler du soufre fondu sur son corps nu, on lui maintenait du feu sous les pieds et les bras jusqu'à ce qu'il eût confessé son crime.

Un juge de la principauté de Munster, comme dernier degré de torture, faisait disloquer les bras de l'épaule ; on les nouait derrière la nuque. Le patient, alors suspendu, avait les pieds tirés par les aides du bourreau ; puis on lui appliquait les poucettes et les brodequins, en même temps on le frappait de verges et de lanières pourvues de morceaux de plomb, et s'il ne faisait pas d'aveux, on attendait la mort (1).

Une femme de Duren, soumise à la question du brodequin, nie, au milieu des plus atroces souffrances, avoir produit la grêle dans le jardin aux choux de sa voisine. Elle a les jambes brisées. Le juge la fait pendre par les pieds et s'en va boire. A son retour, il la trouve morte et dit : « Le diable est venu chercher sa victime (2). »

Divers auteurs, comme Soldan-Heppe et Dieffenbach, affirment que certains magistrats allemands allaient faire de copieuses collations pendant que le bourreau remplissait son office.

Beaucoup faisaient bâillonner le patient pour ne pas être importunés par ses cris.

Le collier, garni à l'intérieur de pointes de fer, était aussi efficace que le brodequin. L'accusé attaché à un poteau, on plaçait à son cou l'instrument de supplice. La longueur des

(1) WACHTER, *Histoire de la sorcellerie et des procès dans la principauté de Munster.*

(2) SOLDAN-HEPPE, *loc. cit.*, p. 352.

clous était calculée pour entrer à peine dans
les chairs ; mais souvent on brûlait les jambes
du patient avec des fers chauds et des charbons ardents et, secoué par la douleur, il
s'enfonçait lui-même les pointes dans la
gorge.

Arnoulette Defrasnes, dite la « royne des
sorcières », a été condamnée le 21 mars 1663 :

A la question du collier, l'espace de vingt-quatre
heures, ou si longtemps que sera trouvé convenir pour
y être chargée des crimes résultant de son procès.

Si le collier ne suffisait pas, on employait
l'estrapade. Ce supplice consistait à élever à
une certaine hauteur le patient attaché par les
pieds et par les mains à une même corde, et à
le laisser retomber près de terre, de tout le
poids de son corps, de manière à lui disloquer
les bras et les jambes. Quelquefois, le condamné, les mains liées derrière le dos et les
jambes libres, était hissé au haut de l'appareil par la corde qui attachait les poignets ;
quand on le lançait dans l'espace, la secousse

de la chute lui retournait violemment les bras et lui luxait les épaules. Pour augmenter la souffrance, on lui attachait des poids aux pieds, et l'on recommençait plusieurs fois. Beaucoup succombaient à la douleur.

A Esslingen, on attachait aux enfants des poids de 30, 40 et même 100 livres. Un vieillard de soixante et onze ans eut des poids de 200 livres (1).

En 1608, Blaudon Hardier, pâtre à Hesse, fut poursuivi parce qu'il récitait des prières rimées et sans suite pour guérir les animaux. Soumis à l'estrapade, les premières douleurs lui arrachèrent des aveux; il voulut se rétracter; on lui mit un poids de 50 livres. Il poussa des cris déchirants et confessa que l'un de ses chiens était le diable déguisé. Il accusa plusieurs personnes de se changer en loups pour harceler les troupeaux.

Louïse cite un certain nombre d'accusés, qui, de 1609 à 1611, ont subi la question de

(1) DIEFFENBACH, *loc. cit.*, p. 97.

l'estrapade à Valenciennes ou dans les justices environnantes. On leur mettait au cou des reliques ou des *agnus* pour les aider à supporter la souffrance (1).

Élise Guyon de Désaudans fut soumise trois fois à cette épreuve, au mois de mars 1660, dans les environs de Montbéliard, puis on lui appliqua le *frontal* (2), sans pouvoir obtenir aucun aveu (3).

Le chevalet dépassait encore l'estrapade. Il consistait en une sorte de cheval de bois, à dos très aigu, sur lequel on asseyait le patient, les pieds chargés de poids très lourds, ou attachés à des cordes que l'on enroulait progressivement sur un treuil. L'arête de bois pénétrait lentement dans les chairs, et à chaque refus d'avouer, l'exécuteur ajoutait un nouveau poids.

Marie Carlier, âgée de treize ans, fut livrée

(1) *Agnus Dei*, cire bénite sur laquelle est imprimée la figure d'un agneau.

(2) Corde à plusieurs nœuds avec laquelle on serrait le front de l'accusé.

(3) A. Tuetey, *loc. cit.*, p. 18.

à cette horrible torture, en 1647. Elle y resta pendant plusieurs heures. Il fallut ajouter des poids à trois reprises pour lui faire confesser son crime. Condamnée à être brûlée vive, à cause de son âge et pour ne pas apitoyer la foule, elle fut exécutée au point du jour.

Toutes sortes de raffinements étaient essayés.

Jacques Ier, d'Angleterre, avait inventé lui-même un nouveau supplice; il consistait à enfoncer des pointes de bois sous les ongles des pieds et des mains, puis à les retirer et à les remplacer par des aiguilles, afin de pénétrer plus avant dans les chairs. Ce roi prenait plaisir à l'agonie de ses victimes. Quelquefois, il les faisait retirer du bûcher à moitié brûlées pour jouir de leurs souffrances et de leurs affreuses contorsions, puis il les faisait remettre au feu.

Des magistrats d'Allemagne donnaient aux accusés des aliments excessivement salés, sans leur accorder une goutte d'eau.

Il nous est venu d'Italie une invention

encore plus heureuse, écrit Binsfeld, chanoine et grand vicaire de Trèves : « Marsile avait trouvé un doux moyen pour faire confesser toutes sortes d'accusés sans leur rompre ni bras ni jambes. Il faisait asseoir le patient sur un banc entre deux bourreaux fort éveillés, qui l'empêchaient de dormir nuit et jour. Quand ils étaient las, qu'ils s'endormaient eux-mêmes, ils étaient relayés par d'autres. Cette veille, commencée le soir, se prolongeait deux nuits et un jour. Si le prisonnier tombait de sommeil et faisait un mouvement pour s'appuyer sur l'un des bourreaux, il était redressé à grands coups sur la tête. Par ce *doux moyen*, il n'y avait ni force de tempérament, ni pacte de silence qui pût tenir, et ces patients étaient contraints de confesser ce qu'on voulait d'eux. »

Au contraire, en Angleterre, Mathieu Hopteins, le grand juge des sorciers, faisait marcher les prisonniers jusqu'à ce que la peau des pieds fût usée. La souffrance était telle qu'ils finissaient par se rouler par terre à moitié fous.

En Espagne, le pal était en usage.

La vieille Espagne oblige un homme à se soutenir de tous ses muscles, en l'air, l'espace de sept heures, pour ne s'appuyer pas sur un fer pointu qui lui entrait dans le siège avec douleurs insupportables (1).

Les lois et les canons défendaient de *réitérer* la torture ; mais on pouvait la continuer sur de nouveaux indices, et même, d'après une doctrine assez répandue, sans nouveaux indices, lorsque les premiers avaient une gravité toute particulière. On pouvait remettre à la torture jusqu'à trois fois (2), mais on dépassait souvent la mesure.

Schnegraf (*Histoire de la civilisation en Allemagne*, p. 766) parle d'une soi-disant sorcière, nommée Holl, qui subit cinquante-six fois la torture.

En 1628, Jean Junius, bourgmestre de Riedermaisich (Bavière), homme très considéré et d'une certaine fortune, est accusé par plu-

____

(1) A. Nicolas, *loc. cit.*, p. 36.
(2) Eymeric, 3ᵉ partie, p. 484.

sieurs témoins d'aller au sabbat. Il subit, à diverses reprises, tous les degrés de la torture avec un courage héroïque. Le bourreau n'en pouvant plus :

— Dépêchez-vous donc d'avouer quelque chose, puisque, innocent ou non, votre perte est certaine; inventez quelque crime afin que nous en ayons fini (1).

La chose la plus rare dans ces procès est l'assistance d'un avocat. Tous les sentiments d'humanité disparaissent devant la crainte de passer pour sorcier.

Il est indigne, écrit le jésuite Spée, de lier les deux mains d'un homme attaqué par un serpent pour l'empêcher de se défendre, quand on laisse libres les mouvements de celui qui n'a qu'à repousser les assauts d'une puce.

Après beaucoup de recherches, nous avons recueilli comme une perle une procédure alsacienne, où il est question de la défense. Elle se termine ainsi :

(1) Dieffenbach, *loc. cit.*, p. 134.

En la chambre criminelle, entre le Baumeister et l'avocat de la ville d'*Ensisheim*, accusateurs d'une part; *Catherine Rappert* et *Colombe Muhler* de Ruelisheim, accusées d'autre part, ouï l'accusation, la réplique et la *défense*, après que connaissance eut été donnée aux accusées des crimes à elles imputés, il a été reconnu pour véritable et certain, par les vingt-quatre juges criminels, que les deux femmes susnommées, Catherine et Colombe, ont renié Dieu, ont commis des infamies avec les démons et, de plus, ont exercé de mauvais traitements avec le secours de la magie. Pour ces causes, elles sont livrées entre les mains du bourreau pour être, par ce dernier, mises à mort au moyen du feu et être réduites en cendres et poussières, afin de servir d'un exemple effrayant aux autres. C'est à quoi les condamnent et à bon droit les vingt-quatre juges criminels. An de Jésus-Christ 1606 (1).

Dans un autre pays d'Allemagne, un religieux est accusé de sortilège. Tout le couvent s'émeut pour obtenir un défenseur. Le prince consulte la Faculté la plus voisine. Après de longues délibérations, elle émet un avis favo-

(1) Merken-Ensisheim, jadis ville libre impériale et ancien siège de la régence archiducale des pays antérieurs d'Autriche. (*Histoire de la ville d'Ensisheim*, t. II, p. 118. Colmar, 1841.)

rable. « Mon Dieu ! s'écrie le prince, si un avocat peut faire acquitter un coupable, combien ai-je dû faire périr d'innocents ? »

Un avocat de Saint-Claude entendait singulièrement les devoirs de sa profession ; il pénétrait dans les prisons, recevait la confession des accusés et la communiquait au juge. Confrontée avec ce terrible confident, une sorcière balbutia et, n'osant le démentir, finit par le bûcher.

Après avoir cité tant de condamnations, nous n'avons pas à insister sur les peines. Le crime de sorcellerie entraîne la peine de mort. Quelquefois le condamné a la tête tranchée ; le plus souvent il est étranglé avant d'être livré aux flammes. Dans les cas les plus graves, il est brûlé vif. On réserve, pour ceux qui sont jugés moins dangereux ou moins coupables, le bannissement, le fouet, la prison, l'internement dans des maisons religieuses ou ailleurs. Peines accessoires : mutilation d'un bras, percement de la langue, exposition publique, amende honorable, dégradation, confiscation des biens, amende, etc.

Dieffenbach, après une effroyable statistique des principales exécutions dans divers duchés d'Allemagne, dit que les poteaux dressés près des bûchers ressemblaient à une forêt de pinastres. Il fait observer qu'ils étaient encore plus nombreux chez les protestants que dans les pays catholiques. Il cite parmi les victimes beaucoup de jeunes filles et de tout jeunes enfants : l'un n'avait pas cinq ans. Roskoff, dans son *Histoire du diable*, a fait le même travail pour la ville épiscopale de Wurzbourg, en Bavière, et l'évêché voisin de Bamberg, jusqu'en 1629.

Le nombre des sorciers et sorcières exécutés se monte à 900 à Wurzbourg, à 600 à Bamberg. Beaucoup ne sont indiqués que par un surnom : le *Gardien du Pont*, la *Grosse Bossue*, l'*Amoureuse*, la *Vieille Charcutière*, etc. Quelques-uns sont notés : « un *Étranger* », « une *Étrangère* ». On trouve parmi les suppliciés une petite fille de neuf à dix ans, avec sa sœur, plus jeune encore, que leur mère suit de près au bûcher, deux enfants à l'hôpital, des garçons de dix à douze ans, une jeune fille de quinze, le petit garçon d'un conseiller, etc. Dans les procédures se succèdent toutes les professions, tous les rangs : ouvriers, jongleurs, acteurs, nobles, prêtres, étudiants, magistrats, etc. On y voit un étudiant, excellent vocaliste et instrumentiste, qui savait parler toutes les langues; une charmeresse, nommée Babelin, la plus jolie fille de Wurzbourg (1).

Du 1er juin 1629 au 12 février 1642, un grand nombre d'accusés ont comparu devant une commission, composée de sept bourgmestres, instituée pour juger les sorciers à Schlestadt. M. Dorlan a eu la patience d'analyser 91 de ces procédures; pas un seul accusé n'a pu sauver sa tête (2).

D'après un travail intéressant de Merklen, une foule de localités d'Alsace ont eu aussi

(1) *Histoire du diable*, par GUSTAVE ROSKOFF, professeur à la Faculté impériale de théologie protestante à Vienne.

(2) A. DORLAN, *Notices historiques sur l'Alsace* et principalement sur la ville de Schlestadt, in-8, Colmar, 1843.

leur hécatombe de sorciers et de sorcières (1).

Il en a été de même en France. Sans revenir aux ouvrages spéciaux des xvie et xviie siècles et sans parler des nomenclatures qu'ils ont données, des auteurs contemporains déjà cités : Louïse, pour Valenciennes et les environs ; M. Dumont, pour les duchés de Lorraine et de Bar, avec indication précise des dates et des noms (2) ; M. Dey, pour le comté de Bourgogne, M. Tuétey, pour le pays de Montbéliard, ont dressé des listes qui donnent le frisson.

Quelques sorcières furent condamnées à l'enfouissement. A Valenciennes, une jeune fille de dix-huit ans fut enterrée vive pour sorcellerie. Les cris de la malheureuse étaient si horribles que le bourreau se trouva mal et demanda grâce pour lui et la victime. Le juge lui ordonna de continuer.

Comme pour les crimes les plus atroces, on

(1) MERKLEN, *Histoire de la ville d'Ensisheim*, p. 132.

(2) DUMONT, *loc. cit.*, p. 69 à 95 ; liste des sorciers condamnés.

voit de pauvres fous conduits au bûcher sur la claie ; attachés derrière une charrette, ils sont traînés par les rues, la face contre terre, dans la boue, sur les pierres ou dans la poussière.

Beaucoup de condamnés doivent faire amende honorable avant d'aller au supplice. On peut juger de la formule, presque toujours la même, par cet extrait de procédure :

Nous avons déclaré ladite Charlotte Ledy, atteinte et convaincue du crime de sortilège, d'avoir renoncé Dieu et adoré le démon, et avoir commis les autres actions qui se commettent aux sabbats; pour réparation desquels crimes nous l'avons condamnée à l'amende honorable, pieds nus et en chemise, tenant entre ses mains une torche ardente du poids de deux livres, devant la principale porte de l'église de ce lieu; et là, estant en genoux, demander pardon à Dieu, au Roy et à la justice, et après estre conduite, par l'exécuteur des sentences criminelles, au lieu où l'on a accoutumé de supplicier les criminels, pour y estre pendue et estranglée, en une potence qui y sera plantée pour cet effet, et ensuite son corps bruslé et réduit en cendres, et les cendres jetées au vent, ses biens acquis et confisqués au Roy. [Suit le dispositif de deux autres sentences semblables, l'une du 5 mai 1670 contre Gabriel Leseigneur et Charlotte Levasseur (1)].

Les peines sont cumulées pour Jean Bullote, de Cubrial, appelant d'une sentence de mort rendue contre lui par Claude Maire, juge en la justice de Naus, « pour blasphèmes, mauvais traitements envers son père, et soupçon de sorcellerie ».

Il est condamné à faire amende honorable et à estre baptu et fustigé de verges, depuis le cimetière de l'esglise de cette ville de Vesoul, jusques à la première croix hors la porte basse, puis ramesné devant les hasles de ce lieu, et, en cette part, avoir la langue percée d'un fer chaud par le maistre de la haulte justice sur un échafaud dressé à cet effet, puis banni perpétuellement de ce pays es-comté de Bourgogne, luy interdisant de s'y retrouver après dix jours qui luy seront donnés pour en sortir, à peine de la vie (2).

Le clerc était dégradé avant d'être livré au bras séculier. Il était successivement et solennellement dépouillé de tous les insignes de la

(1) Bibliothèque nationale, *Mélanges Clairambault*, t. 712, folio 45.

(2) Archives départementales de la Haute-Saône, B. 5051.

cléricature et du sacerdoce, depuis le premier jusqu'au dernier, et ce n'est qu'après cette cérémonie qu'il était livré au juge laïque (1).

Comme atténuation dans les causes peu importantes, le bannissement était souvent prononcé au xviie siècle.

Les tribunaux ecclésiastiques ne devaient infliger aucune peine de sang, aucune mutilation ; pour l'exécution de la peine, ils livraient le condamné au bras séculier ; mais ils pouvaient prononcer des peines d'emprisonnement. L'officialité et l'inquisition avaient des prisons spéciales.

La mort n'efface pas la tache de sorcellerie. Ce crime de lèse-majesté divine et humaine peut être poursuivi après la mort de son auteur.

Si un sorcier meurt en prison, c'est le diable qui l'a tué pour l'enlever à la justice ; on s'acharne après son cadavre.

La poursuite contre la mémoire des morts

(1) M. L. TANON, *loc. cit.*, p. 466.

et tous les faits de sorcellerie étaient impros-
criptibles.

Si un sorcier est dénoncé après son décès,
on informe, on recueille les témoignages
comme s'il était vivant. S'il est déclaré coupable, on exhume le cadavre, qui est traîné
sur la claie et brûlé publiquement avec l'appareil le plus propre à frapper les imaginations (1).

Une des hallucinées de Louviers, la sœur
Bavan, avait dénoncé Picard (Mathurin), son
ancien confesseur, curé de Mesnil-Jourdain,
auteur d'un livre rare et singulier : *le Fouet
des gaillards, ou justes punitions des volup-
tueux et charnels*. (Rouen, 1623, 1 vol. in-12.)
L'évêque d'Évreux le poursuivit comme sorcier. Après sa mort, son cadavre fut exhumé.
Il fut jugé en même temps que son successeur
Boulet, dénoncé comme son complice.

Le mort, en effigie, et le vivant comparurent devant
le parlement de Rouen, et, « pour avoir dit la messe

(1) M. L. TANON, *loc. cit.*, p. 408-410.

noire au sabat, pour avoir fait des talismans avec des hosties consacrées, furent condamnés à être traînés sur la claie et bruslés (1).

Boulet, enchaîné au cadavre putréfié, fut traîné dans les rues de Rouen et brûlé, le 21 août 1647, sur la place où avait péri Jeanne d'Arc.

Des juges timides ou peu convaincus se contentaient parfois de la séquestration. En 1602, Marguerite Houillon, veuve d'Henri Parisel, fut condamnée par la justice de Toul à rester toute sa vie en une chambre sans en sortir et hors la vue du peuple, sous peine d'être chassée à perpétuité.

En 1621, une autre sorcière, Ralion-Renard, fut condamnée à être, par les soins de ses enfants, confinée en tel lieu qu'ils choisiront, le reste de sa vie, à ne paraître aucunement en public, ni à la cité, à la vue du public, sous peine d'être tenue suffisamment convaincue de son crime et punie plus sévèrement.

(1) Registres du Parlement de Rouen, 1647.

La confiscation des biens dont on abusait étrangement était souvent la principale cause des poursuites. Dans certaines principautés d'Allemagne, les deux tiers des biens confisqués allaient au fisc; l'autre tiers était réservé aux juges. Il y eut de si grands abus que, pour y mettre un terme, une pétition fut adressée le 26 mai 1630, par la population de Bamberg, à l'empereur Ferdinand. L'empereur répondit en permettant aux accusés de prendre des défenseurs (1), mais on ne voit pas le rôle de la défense plus actif que par le passé.

En Allemagne, un accusé absous qui revenait une seconde fois en justice devait être condamné à mort.

La fuite était considérée comme l'aveu du crime. Le contumax, sur les plus légers indices, était considéré comme coupable et condamné à mort.

En principe, on ne pouvait faire opposition à une sentence rendue par défaut. Celui qui

(1) DŒFFENBACH, *loc. cit.*, p. 133.

se représentait pour purger sa contumace n'était admis que par tolérance à faire reviser le jugement, s'il se présentait peu de temps après. Les biens confisqués n'étaient jamais rendus.

Des tribunaux privilégiés jugeaient en dernier ressort ; mais, en général, on pouvait faire appel des sentences interlocutoires et des jugements définitifs. Le grand juge Boguet ordonne que Rolande Duvernois, du village de la Croya, sera appliquée à la question. Appel devant le Parlement de Dôle. Par arrêt du 1er septembre 1660 :

La cour joint l'interlocutoire au fond. Sur l'interlocutoire, elle déclare que les juges ne doivent pas facilement ordonner la question, parce que l'expérience a prouvé qu'un grand nombre de sorciers deviennent insensibles à la douleur, à ce point qu'on les briserait plutôt en morceaux que d'obtenir d'eux la vérité et qu'ils échappent ainsi à un juste châtiment. Au fond, elle reconnaît Rolande Duvernois convaincue d'avoir depuis un an ou deux assisté aux assemblées nocturnes, la condamne à être étranglée, puis brûlée (1).

(1) *Decisiones celeberrimæ Sequanorum, Senatus Doloni, auctore Joanne rivello, apud Kecherquim,* 1618 (petit in-4).

Elle fut exécutée le 7 septembre 1600.

M. Jules Finot, dans ses travaux intéressants sur les procès de sorcellerie au bailliage de Vesoul, de 1606 à 1636, passe en revue un certain nombre de procédures. Il a retrouvé les dossiers d'appel de 66 jugements rendus par les juges seigneuriaux, et prononçant soit la peine de mort, soit celle de bannissement; 26 condamnations à mort sont confirmées; 14 sentences de mort sont réformées avec commutation de la peine en bannissement de la province, soit à perpétuité, soit pendant l'espace de dix ans; 24 condamnations à mort ou au bannissement sont réformées avec renvoi pur et simple des fins de la plainte.

Deux jugements sont revisés avec ordre d'appliquer une seconde fois aux accusés la torture des menottes pour la *gémination* de leurs réponses et obtenir pour quinze un supplément d'instruction (1).

____

(1) M. J. FINOT, *Bulletin de la Société d'agriculture, sciences et arts* du département de la Haute-Saône, 3º série, nº 6, p. 2 (1875).

On pouvait appeler des condamnations prononcées par les tribunaux ecclésiastiques devant la justice civile ou recourir au pape, appels et recours excessivement rares.

Dominique Lambert, inquisiteur général du comté de Bourgogne, ordonne, par une sentence du 27 mai 1603, que

Antoinette Henry, dite *Belle Ange*, femme d'Étienne Vuillier, sera rasée et lui sera abattue tous les poils et cheveux qu'elle a sur son corps, et après, sera visitée pour recognoitre si elle est marquée de quelque marque extraordinaire, qui peut la rendre plus suspecte du crime de sortillège dont elle est accusée, et ce par un barbier, ou autre à ce cognoissant.

Appel devant le Parlement de Dôle. La cour par arrêt du 15 janvier 1604, déclare :

Qu'il a été bien appointé par ledit inquisiteur, mal et sans grief appelé, condamne l'appelante à l'amende et aux frais d'appel (1).

Le 5 novembre 1603, un appointement du même inquisiteur ordonne que Nicolas Saulnier, dit *le Hurleur*, sera appliqué à la question des menottes pour tirer la vérité de la marque estant sur son corps, derrière l'es-

____

(1) Registres du Parlement de Dôle.

paule droite, et deux faits sur lesquels il a été interrogé, sans préjudice de le pouvoir par après remettre à ladicte torture pour aultres faicts et indices.

Saisi de l'affaire sur appel, le Parlement de Dôle confirme la sentence par arrêt du 15 janvier 1604 (1).

Un fait plus saillant est raconté par le jésuite Prost dans son *Histoire de Besançon*.

En 1689, une épidémie fit périr un grand nombre de personnes dans le comté de Bourgogne. On l'attribua à des maléfices. A la suite de monitoires publiés par l'inquisition, les dénonciations affluèrent. On ne voyait partout que bûchers et potences. Un citoyen de Besançon, très estimé, fut arrêté, emprisonné, soumis à la torture et condamné au feu par l'inquisiteur. Il en appela à Rome et fut déclaré innocent. L'inquisiteur reçut un blâme sévère. « On put juger, dit Prost, que plus de 200 personnes qui avaient été brûlées sur de pareils indices n'étaient pas plus coupables.

Les procédures contiennent des états de

(1) Registres du Parlement de Dôle.

frais fort curieux. Les détails sont infinis : entretien du prisonnier, pain, nourriture, déplacements et repas des magistrats et de leurs auxiliaires, greffier, notaire, prévôts, sergents, etc., frais de transport, tant par charretier et par cheval, honoraires du juge-instructeur et de son personnel, vacation des chirurgiens, des prêtres, des confesseurs, dépenses de torture et d'exécution, salaire des charpentiers, des hommes de peine, rien n'est oublié. Les chandelles qui éclairent la salle du juge ou celle de la torture, la location de la charrette, les cordes qui servent à la potence, le bois du bûcher, l'assistance du prêtre, etc., sont aussi comptés (1).

Dans certaines parties de l'Allemagne et dans le pays de Montbéliard, les ministres qui assistaient le condamné ou l'avaient disposé à la mort, s'offraient à sa charge un copieux repas. L'état des frais de l'exécution d'Éli-

(1) Le total du compte de Jean-Firner Kess, dans la prison de Lohr, pour sa nourriture, pain, vin et *cuiller*, du 25 mars au 14 avril 1628, est de 3 florins 4 pfennigs (environ 7 fr. 50).

sabeth Mermet, à la date du 7 mai 1660, mentionne le montant du dîner des ministres, Duvernys, George et Morlot. Pareil dîner réunit, le jour de l'exécution de Jeanne Mairet, le 16 avril 1660, les pasteurs Duvernois et Diénis, d'Héricourt.

Il faut aussi payer le bourreau. Le salaire de Jacob Feurdelys pour l'exécution d'Élisabeth Mermet, dont il est parlé plus haut, est de 69 livres (1).

Le docteur Dornbusch, dans son *Histoire des provinces rhénanes*, p. 95, 30ᵉ fascicule, 1876, présente le tableau suivant de frais, taxés à Cologne en 1688 :

Pour mettre à la torture..................	6 thalers.
— empaller................	6 —
— brûler...................	6 —
— décapiter................	5 —
— écarteler................	8 —
— couper les oreilles............	2 —
— — les mains............	1 —
— torturer dans tous les degrés....	1 —
— torture simple............	1 —
Total............	36 thalers.

(1) Trétey, *loc. cit.*, p. 20-21.

Les frais et dépenses occasionnés par la justice inquisitoriale dépassaient encore ceux de la justice civile (1).

En 1659, l'inquisiteur de Besançon parcourant le diocèse, à la recherche des sorciers, exige 6 francs par jour pour lui, autant pour son compagnon, outre la nourriture.

On trouve dans les archives de Gy des liasses de comptes comme ceux-ci :

« Au révérend Père inquisiteur, au Père procureur, et à leur serviteur, tant pour prononcer la sentence de mort de ladite Cornu, entendre en réponses Jean Gaillard et autres, 60 livres.

« Au valet du révérend Père inquisiteur, pour un voyage à Baulme, 4 livres.

« Pour dépenses de bouche de l'inquisiteur,

---

(1) On lit dans le savant ouvrage de M. Tanon, déjà cité, p. 538 : « Les inquisiteurs ne prononcent pas de condamnations aux frais; nous n'en rencontrons pas du moins dans les actes judiciaires. Les inquisiteurs avaient un moyen plus sûr de subvenir à leurs besoins, dans les peines pécuniaires qu'ils prononçaient arbitrairement contre les accusés sous mis à leur direction. »

du Père procureur, du chirurgien de Baulme, ayant fait visite de quatre prisonniers, 129 livres.

« A l'inquisiteur pour ses aliments, journée et louage de chevaux employés à la *fulmination* des procès de maistre Jean Girod, prisonnier au château de Gy, et d'Antoine Roter, de Joseph et Marguerite Breton, de Nansoly, en France, détenus au dit lieu, 129 livres. »

Ces dépenses, dont nous ne donnons qu'un spécimen, avaient exaspéré la population. Des plaintes furent portées au parlement.

L'inquisiteur, invité par la cour à plus de modération, adressa aux échevins de la ville de Gy une lettre très humble, qui se termine ainsi :

Il faut que je vous advise que ces plaintes portées de vostre part à la cour contre moy m'ont fort touché et affligé, parce que j'avois toutes les envies du monde et une affection très grande à peurger votre ville de vos ennemis et de Dieu. J'espère, néanmoins, que par vos attestations on pourra réparer les deffauts de celui qui en aura peut-être plus dit qu'il ne falloit comme il est très véritable, attendant de vos bontés cette faveur si profonde,

Messieurs,

Votre très humble serviteur.

P. SIMARD, inquisiteur.

Bussidon, ce 6 octobre 1659 (1).

Cette lettre ne calma pas les habitants de Gy. Un religieux minime fit savoir à l'inquisiteur qu'il serait assommé s'il reparaissait devant eux. Nouvelle correspondance entre Simard et les échevins.

Le 5 janvier 1660, l'inquisiteur leur adressa de Besançon une lettre dans laquelle on lit :

Je vous dirai pour responce que, pour le bien de vostre ville, il est expédiant de recourir à la cour avant que j'aille à Gy, pour la requérir, ensuite de ses derniers édits, vouloir ordonner à l'un des fiscaux du Parlement de nous assister de leur présence et se rencontrer, afin d'éviter des désordres semblables à ceux que j'ai vus tout fraîchement à mon grand regret (2).

(1) Archives de Gy.
(2) Cette lettre, comme la précédente, a été conservée dans les archives de Gy.

Une campagne de ce genre avait eu lieu à Vesoul. Les échevins de la ville, au nom des habitants, auxquels l'inquisiteur général Lambert et son procureur, frère Claude Tharenel, voulaient faire supporter une large part des frais de justice, adressèrent au Parlement de Dôle des remontrances en vingt-trois articles.

Après un préambule sans intérêt, le premier article est ainsi conçu :

Que lesdits inquisiteurs n'ont juste occasion de les voulloir contraindre au payement des journées et vacations qu'ils disent avoir employées en la procédure de Marguerite Bouvier, dite la Mareschande, détenue prisonnière en la conciergerie dudit Vesoul, pour crime de sortilège, attendu que lesdits habitants n'y sont tenuz et que l'assignation donnée auxdits suppliéez, leurs co-eschevins, est nulle (1).

Deux importants procès politiques, en Lorraine, engagés sous prétexte de sorcellerie, ceux de Melchior de la Vallée et d'André Desbordes, ont entraîné des frais considérables.

(1) Manuscrit des archives départementales du Doubs, dont nous devons la communication à l'obligeance de M. l'archiviste J. Gauthier.

Melchior de la Vallée avait débuté comme clerc de chapelle, et le nom de *Chantre* lui était resté. Devenu protonotaire du saint-siège, premier aumônier de Henri II, duc de Lorraine, il fut encore pourvu de prébendes et de plusieurs autres bénéfices. Des lettres patentes du 15 octobre 1680 lui permirent d'ajouter à ses titres celui de seigneur de Laxou, investi du droit de haute justice. Il possédait, aux environs de Nancy, un magnifique domaine, appelé la Chapelle-Sainte-Anne. Outre les jalousies, suscitées par sa brillante situation, des circonstances imprévues amenèrent sa disgrâce et conduisirent le favori au dernier supplice.

De son second mariage avec Marguerite de Gonzague, Henri II avait eu deux filles : Nicole et Claude. Son frère, François, comte de Vaudemont, désirait vivement marier Charles, l'aîné de ses fils, avec la princesse Nicole, afin de confondre les droits et les prétentions des deux branches, Henri II ayant toujours considéré cette princesse comme l'unique et légitime héritière du trône. Henri avait deviné les intentions de son frère ; il redoutait son ambition, et, conseillé par des amis, parmi lesquels figuraient André Desbordes et Melchior de la Vallée, il voulait donner Nicole à Louis de Guise, baron d'Ancerville, depuis comte de Boulay et plus tard prince de Phalsbourg et de Lixhein. Après avoir longtemps résisté, Henri finit par céder à l'obsession et aux intrigues de son frère. Charles avait porté ses vues ailleurs ; il n'épousa que contraint et forcé par son père la princesse Nicole, pour laquelle il n'avait jamais éprouvé que de la répugnance et du dégoût. Il prétendit qu'il avait été ensorcelé la première nuit de ses noces, qu'on lui avait noué l'aiguillette ; qu'il se trouvait des sorts dans le lit de la princesse, ce qui l'obligeait à chercher un autre lit. Il se consola auprès de la belle duchesse de Chevreuse (1). Henri II mourut le 31 juillet 1634. Charles IV, son successeur, n'eut qu'une pensée : obtenir

(1) *Histoire de la réunion de la Lorraine à la France*, par M. le comte d'HAUSSONVILLE, t. 1er, p. 130-131.

le divorce, éloigner Nicole, associée au pouvoir, la dépouiller de toutes ses prérogatives. Il fallait d'abord se débarrasser des amis de la princesse. Melchior de la Vallée lui était signalé comme un des plus ardents. Il l'accusa de sorcellerie.

A la fin d'octobre 1624, une information secrète est ouverte par les échevins de Nancy. Deux filles d'une moralité douteuse, Esther Ardouin et Jacqueline Roger, déposent contre lui. Il est incarcéré au château de Condé, soumis à la torture et, malgré toutes ses dénégations, un arrêt du 28 janvier 1625 le condamne à être étranglé, puis brûlé avec confiscation de tous ses biens. L'exécution eut lieu aussitôt après la sentence (1).

Le Père Vincent Tiercelin prononça ainsi son oraison funèbre, en faisant allusion à une exécution précédente :

Un certain *Chantre* fut aussi, peu après, chargé de

(1) HENRI LEPAGE, *Mémoires de la Société d'archéologie lorraine*, t. VII, 1857, p. 5 et suiv.; t. X, 1882, p. 257 et suiv.

pareilles ordures, mais il fut lavé dans un cent de fagots; c'est assez dire de lui (1).

Charles IV s'empara du domaine de la Chapelle-Sainte-Anne et le donna aux Chartreux pour y fonder une maison. Les religieux acceptèrent l'habitation du condamné. Tous les meubles, les livres, le linge, les vêtements furent vendus aux enchères. La vente des meubles monte à 1446 fr. 4 gros. L'état des frais judiciaires, dont nous avons consulté l'original, contient quarante articles et s'élève à 1157 fr. 3 gros.

Abraham Racinet, surnommé André des Bordes, eut le même sort. Ancien valet de chambre du duc Henri, comblé de faveurs, il était devenu seigneur de Gibeaumoix et gouverneur de Sierck ; ingénieux et habile, il faisait quelques tours de prestidigitation et de fantasmagorie. Ce fut un sorcier le jour où l'on persuada à Charles IV qu'il avait des

(1) La princesse Nicole avait été baptisée par ce prêtre sorcier. La conséquence canonique était la nullité du baptême et du mariage. Charles IV put donc répudier sa femme et arriver à ses fins.

idées contraires à sa politique. A cause de sa qualité, il fut enfermé, comme Melchior de la Vallée, au château de Condé. Il résulta de l'information qu'il avait fait avancer les personnages d'une tapisserie pour saluer les spectateurs; qu'il avait fait sortir un festin complet d'une petite boîte à compartiments; qu'un jour il avait pris son vol dans les airs, à cheval sur un tonneau; qu'il avait, d'un coup de pied, fait sauter un homme de la porte de Notre-Dame dans son lit. Enfin, et c'était l'accusation la plus grave, on lui reprocha d'avoir contribué, par des charmes secrets, au refroidissement conjugal de Charles IV, au point qu'un révérend Père jésuite, commis *ad hoc*, n'avait pu découvrir la composition des charmes.

Jugé le 28 janvier 1625 par les conseillers de Saint-Mihiel, députés à ce commis par Son Altesse, il est déclaré :

Atteint et convaincu d'avoir, par actes et œuvres magiques et diaboliques, donné plusieurs sortes de maléfices. En conséquence de quoi, il est condamné à être attaché et estranglé, par l'exécuteur de la haute justice, à une potence, et son corps mort à estre brûlé et réduit en cendres, ses biens confisqués et, préalablement à son supplice, à estre appliqué à la question ordinaire et extraordinaire pour avoir révélation de ses complices.

La procédure est suivie d'un inventaire des livres du condamné, du procès-verbal de la vente des effets mobiliers, de plusieurs états de frais, celui qui concerne l'exécution très détaillé.

Un mandement du 5 décembre 1624 porte ordre de délivrer 800 francs à Claude-Marcel Rémy, procureur général, pour subvenir à une partie des frais.

Un autre mandement du 22 décembre 1624 porte ordre au trésorier général de délivrer 1 680 francs aux conseillers Gondrecourt, de Haccourt, de Bloise, Amblemont, Barrois, Ch. Sarazin, pour les frais de leur voyage et de leur séjour à Nancy.

Deux mandements des derniers jours de janvier 1625 portent ordre, l'un de délivrer

800 francs à Claude-Marcel Rémy pour satisfaire aux frais qui restent à payer du procès;
l'autre de délivrer 1 860 francs aux conseillers
pour le dernier voyage et séjour par eux faits
à Nancy afin de continuer la procédure.

Frais d'exécution :

1º Pour le disné de MM. le procureur
général, de Gondrecourt, d'Amblemont, etc., tous en une même
table . . . .   xxx francs.

2º En une autre table, deux Pères
minimes, deux cordeliers et le
sieur Thibelle, de l'Oratoire. . .   xii fr. vi gros.

3º En la cuisine, les clercs desdicts
sieurs au nombre de six, trois
gardes, cinq sergentz, ung carros-
sier et un lacquay . . . .   xx francs.

4º Le disner du maistre des hautes
œuvres . . . .   ii francs.

5º La despence des chevaux au
nombre de quinze . . . .   xv francs.

6º Despence faicte par MM. les juges,
le chirurgien Thilleman, un char-
retier et les chevaux . . . . . .   xxxi francs.

7º Payé au maistre des hautes œuvres
vingt-huict francs pour tous ses

droicts de la question, exécution
à mort et autres . . . . xxviii francs.
8° Au marchal qui a fourny les
chesnes, broches, crampons et
marteaux . . . . vi francs.
9° Au charpentier qui a fourny les
appareils du bois de la question
et le poteau. . . . . v francs.
10° Pour le bois. . . . . xii francs.
11° Voiture. . . . . ii francs.

Le soubsigné (F. Dautrey), comme ayant charge de Mess¹ˢ, a arresté cette despense avec M. de Pullenos, à la somme de cent cinquante francs.

La loi dans un siècle aussi éclairé ne pouvait tolérer plus longtemps de pareils procès. Si la croyance aux sorciers, à part de très rares exceptions, était universelle à cette époque, tous ne les considéraient pas comme des criminels et n'approuvaient pas les rigueurs exercées contre eux. Les progrès de la civilisation et de la science commençaient à jeter quelque lumière sur l'origine des crises démoniaques.

L'arbitraire des procédures et la cruauté des

tourments soulevaient des protestations, des controverses et de courageuses critiques. Cette réaction, très intéressante en France et en Allemagne, sur laquelle nous passerons rapidement, sera l'objet d'une étude spéciale (1).

Le peuple lui-même, malgré la superstition du présage, avait parfois des mouvements de révolte. A la suite du procès Holtz, en 1644, les juges de Werthein sont insultés et menacés par un groupe furieux (2). A diverses reprises, dans le comté de Bourgogne, notamment à Gray en 1659, à Gy en 1680, la guerre est déclarée à l'inquisiteur (3).

Parmi les pasteurs du peuple qui reçoivent les dernières paroles des condamnés, prêtres, religieux, ministres protestants, beaucoup commencent à ouvrir les yeux et prêchent la réforme.

Ce qui étonnera plus d'un sceptique, et qu'il faut pourtant reconnaître : les jésuites, si peu

(1) En préparation, *la Décadence de Satan et la fin des procès de sorcellerie*.

(2) DIEFFENBACH, *loc. cit.*, p. 67.

(3) Correspondance du Parlement (archives du Doubs).

révolutionnaires d'habitude, figurent au premier rang.

Le signal est donné, au xvi° siècle, par la *Cautio criminalis* de Spée, qui a les allures vives et mordantes d'un vigoureux pamphlet.

L'archevêque de Mayence, Philippe Chenborn, lui ayant demandé pourquoi ses cheveux grisonnaient déjà, bien qu'il eût trente ans à peine :

— De douleur, répondit-il, à cause du nombre de sorciers que j'ai vu condamner à mort sans preuve.

Parmi les jésuites dont les doctrines étaient plus larges et plus indulgentes que la loi se sont distingués : Adam Tanner (1572-1632), professeur à Munich, Ingolstadt, Vienne, puis doyen de l'université de Prague; Busée (Jean) (1547-1611); Roberti (*Dissertation sur la superstition*); Caussin (1583-1651), confesseur de Louis XIII (*Observationes astrologiæ*); Maunoir (1606-1683, *Manuscrit touchant les sorciers*); Renaud André, mort en 1703; Pinamonti (1632-1709), etc.

Le livre du capucin d'Autun, souvent cité :

l'Incrédulité savante et la crédulité ignorante, malgré les erreurs et les naïvetés dont il abonde, constitue aussi un réel progrès pour l'époque. On lit dans le discours XXII, p. 920 :

Qu'il vaut mieux que dix coupables évitent la peine que de condamner un innocent.

Antoine Diana, théologien de Palerme, dans son ouvrage *Resolutiones practicæ*, publié à Anvers en 1651, demande de grands adoucissements dans l'application de la torture, en attendant qu'on la supprime. L'inquisition elle-même modère un peu son zèle ; l'office de Rome, à diverses reprises, notamment en 1610 et le 4 septembre 1659, envoie des instructions aux inquisiteurs de province pour abolir des rigueurs inutiles.

Les mêmes tendances se manifestent chez un certain nombre de pasteurs et d'écrivains protestants, comme Reynold Scott, publiciste anglais d'une grande valeur (XVI° siècle), Samuel Brunenman, Stryk, Struve, Sébastien Meyer, Prétorius, Meyfart, le pasteur Jean

Grève, de Buderich, près de Clèves (*Tribunal reformatum*, 1604, réédité en 1737), le célèbre Thomasius, gagné, après beaucoup d'hésitation, à la cause libérale, et le plus fougueux de tous, Balthasar Bekker, pasteur et fils de pasteur. Bekker, l'ennemi acharné du diable, a renversé l'échafaudage de la sorcellerie. Le *Monde enchanté*, qu'il a écrit en flamand en 1691, a été traduit dans toutes les langues et a causé une véritable révolution en Europe.

L'évolution se produit aussi en médecine, mais avec beaucoup de lenteurs et de tâtonnements.

Jean Wier (Piscinarius), médecin du duc de Clèves, mort en 1588, dont les œuvres n'ont été imprimées à Amsterdam qu'en 1660, déclare dans son traité : *De prestigiis et incantationibus*, qu'il faut considérer comme des malades certains hallucinés qu'on accuse de sortilège.

D'autres, après lui, décrivent scientifiquement quelques maladies mentales comme : Guillaume de Baillou (1518-1616), (*De convulsionibus libellus*, Paris, 1640, in-4°); Bonnet Théophile, célèbre médecin genevois (*Mercurius compilatitius, seu index medico pratici*, Genève, in-folio, 1682), etc.

Les fameuses épidémies de Loudun et de Louviers ont soulevé de vives discussions au sujet de la marque du diable chez les religieuses hallucinées. Duncan, Cyrano de Bergerac, Piolin, Gabriel Naudé, l'auteur de *l'Apologie des grands hommes faussement soupçonnés de magie*, et son ami Guy Patin, ont affirmé qu'il n'y avait là que des malades ou des folles. De Laubardemont, fort irrité, leur eût fait un mauvais parti sans la protection de la reine. Nous avons recueilli dans les archives de Genève, de Vesoul, de Montbéliard, etc., des rapports médicaux, favorables aux sorciers, qui seront publiés dans une étude plus étendue (1). Un examen approfondi des premières découvertes de la psychologie nous entraînerait trop loin.

Il faut dire, à l'honneur des magistrats, que tous ne sont pas restés en arrière. On lit en-

(1) En préparation : *les Épidémies de sorcellerie au* xviie *siècle*.

core aujourd'hui avec intérêt l'admirable petit livre d'Augustin Nicolas, conseiller au Parlement de Besançon : *Si la torture est un moyen sûr à vérifier des crimes secrets*, Amsterdam, Wolfgang, in-12, 1681. M. Pellot, premier président du Parlement de Normandie, a lutté avec acharnement contre l'obstination de sa compagnie à poursuivre les sorciers. Trente-quatre accusés qu'il croit innocents vont être envoyés au bûcher. Il proteste en vain ; son autorité est méconnue. Il appelle l'attention de Colbert, en 1670, par des lettres indignées et vraiment éloquentes, et va jusqu'au roi.

Le conseil est saisi et lui donne gain de cause, mais le Parlement, au lieu de se soumettre, adresse des remontrances au roi en se fondant sur la jurisprudence.

Sous l'influence de Séguier, qui rougissait d'avoir condamné plusieurs sorciers à mort, la cour de Paris adopte pour jurisprudence qu'à l'avenir ceux qui se disent sorciers ne seront punis que s'ils ont réellement commis des délits ou des crimes.

La justice de province devient aussi plus modérée et plus indulgente. Beaucoup de sorciers ne sont plus condamnés qu'au bannissement, à la prison et même à l'amende. Un certain nombre d'acquittements sont prononcés sur appel.

Malgré les intrigues et les efforts de l'inquisiteur Buhon, Louis XIV détruit en Franche-Comté le tribunal de l'inquisition, comme il l'avait fait pour Toulouse.

Les procès de la chambre ardente apportent, en 1680, de nouvelles lumières à la conscience des magistrats et du législateur.

Louis XIV, inspiré par le sentiment de la justice, veut mettre fin aux abus par une réforme capitale.

La fameuse ordonnance de juillet 1682, en abolissant les lois et les coutumes barbares appliquées dans toute la France, ne retient plus de la magie et de la sorcellerie que les crimes et les délits de droit commun.

Satan est détrôné et n'a plus repris son empire. La science positive a fait d'immenses progrès; mais les leçons du passé doivent nous apprendre à être modestes. Quelle obscurité encore, que de contradictions et d'ignorance dans l'explication des phénomènes psychiques, qui sont à l'ordre du jour! L'*au-delà* préoccupe tous les esprits. Le magnétisme et l'hypnotisme sont encore à l'état d'essai. Le spiritisme n'a pas dit son dernier mot. Les histoires d'apparitions, de pressentiments, de communications mentales, se renouvellent tous les jours. Quand des hommes éminents comme Flammarion, Lawrence Oliphant et tant d'autres, soutiennent « qu'on peut entretenir un commerce familier avec les esprits supérieurs et invisibles qui peuplent la terre » (1), il ne faut pas trop rire des aberrations d'autrefois. Les démoniaques d'aujourd'hui, que nous avons raison de traiter comme des malades, déroutent encore nos plus savants et nos plus ingénieux physiologistes.

(1) *Memoirs on the life of Lawrence Oliphant and Alice Oliphant;* Londres, Blackwood, 1891.

TABLE DES MATIÈRES

CHAPITRE PREMIER

LA FOI DÉMONIAQUE

CHAPITRE II

LA PUISSANCE ET LE GOUVERNEMENT DU DIABLE

CHAPITRE III

POUVOIR ET AGISSEMENTS DES SORCIERS

Hiérarchie. — Invisibilité. — Don des langues. — Anesthésie. — Associations démoniaques. — Histoires tragiques de trois magiciens. — Maléfices du cardinal Mazarin. — Transmission des démons. — Enfants. — Les deux fiancés du diable. — Maisons hantées par les esprits. — Le diable Mamonna. — Transformations. — Lycanthropie. — Les médecins, les magistrats et les loups. — Maléfices sur les récoltes, les animaux et les hommes. — Histoire authentique de *Bras de fer*. — Ensorcellement par le souffle, le regard, la parole, la nourriture, l'attouchement. — Maladie extraordinaire. — Art et pratique du désensorcellement. — Les artistes en sorcellerie. — Noueurs d'aiguillettes. — Charmes et philtres d'amour, poudre, billets cabalistiques, figures de cire. — Les messes noires. — Sacrifices d'enfants

Pages.

CHAPITRE IV

LE RÊVE DU SABBAT

CHAPITRE V

LES SORCIERS DEVANT LA JUSTICE

Le crime de sorcellerie. — Juridictions civile et ecclésiastique. — Inquisition. — Officialité. — Conflits. —
Panique judiciaire. — Tribunaux d'exception. —
Chambre ardente. — Dénonciations. — Justice som-
maire. — Procédure arbitraire. — Mercuriale de l'office de Rome. — Petit Code de Boguet. — Indices
et présomptions. — Perquisitions. — Preuve testimoniale. — Marque du Diable. — Interrogatoire.

Paris. — Typ. Chamerot et Renouard, 19, rue des Saints-Pères. — 30878.